ちくま新書

平成政治史

——政界再編

大嶽秀夫
Otake Hideo

1495

平成政治史——政界再編とポスト冷戦型社会運動【目次】

はじめに

平成は三〇年余りを過ぎ、終わりを遂げた。この三〇年間は、国際政治の上でも国内政治の上でも激動の時期であった。平成の始まりは国際的にはソ連解体とベルリンの壁崩壊、国内的にはバブルの崩壊とそれに続く「失われた二〇年」によって特徴づけられる。本書は、日本の諸政党、具体的には自民党と民主党、公明党、日本共産党、そして民進党およびその分裂によって登場した立憲民主党、国民民主党などその他多数の小政党、並びに日本会議、在特会（ヘイトスピーチ）、SEALDs《シールズ》、原発反対運動などの「社会運動」を対象として、平成の政治を検討する。

平成の政治はリクルート事件で幕を開けた。リクルート事件とは、就職情報を提供するリクルート社がその関連会社の未公開株を多数の政治家に譲渡し、彼らに多大な利益を供与した事件である。竹下登《たけしたのぼる》内閣の時期であった。これによって深まった政治不信は、数年後、自民党を分裂・下野《げや》に導き、細川護熙《ほそかわもりひろ》内閣を誕生させた。自民党と社会党の間の馴れ合いの上に立っていた「一九五五年の体制」が崩壊し、「改革」（政治改革、行政改革、財政改革、経済構造改革、教育改革など）が争点となる時代が始まったのである。その後の三〇年は、めまぐるしい政党間の連立とその解消、すなわち政界再編の時期となった。それはまた、一層進むグローバリゼーションの中でグローバルな経済危機（一九九八年のアジア経済危機から二〇〇八年のリーマン・ショック）や、中東での紛争・テロ、北朝鮮の脅威の高まり、中国の膨張主義が登場した時期でもあった。

政治学者の竹中治堅《たけなかはるかた》は、一九九〇年代以降の国内政治について、次のように述べる。「日本の政治の仕組みが、大きく変わった。制度的に現在の首相は、以前に比べ大きな権力を保持する」（竹中二〇〇六）。これが「平成の自民党」の特徴である。この変化は、細川護熙内閣時代の選挙制度改革、橋本龍太郎首相による六大改革、そして小泉純一郎首相、安倍晋三首相（第二次以降）における、官邸を徹底して活用した「官邸主導」によって実現した。

さらに小泉首相による二〇〇五年九月の郵政選挙以降、選挙は国民投票的な性格を帯びるようになった。従来の派閥の離合集散によって首相が選ばれるのではなく、国民の人気が首相を選ぶ基準となった（もっともそれ以前、既に弱小派閥出身の海部《かいふ》俊樹《とし き》首相や経世会《けいせいかい》の一匹狼であった橋本龍太郎首相の登場にもその先駆が見られる）。

首相が大きな権限をもつようになったのには、二つの制度的要因がある。一つは候補者を選ぶ権限（公認権）、もう一つは政治資金を配分する権限（配分権）である。実際にこれを行使するのは幹事長であるが、その幹事長を選ぶのは総裁・首相である。さらに首相は、様々な諮問委員会を作ってトップダウン式に政策を決定していくようになった。省庁や族議員を飛び越して、首相直属の機関で政策を決定するのが常態となった。

さらに新選挙制度の下では、選挙が政党間のものとなり、党首のイメージが決定的な重要性をもつようになった。特に比例区では、そうした傾向が強い。中選挙区制度の下で、各選挙区での自民党議員同士の戦いが熾烈を極めたのとは対照的である。前述のように既に一九九五年の段階で、橋本龍太郎の国民的人気は他の追随を許さず（各新聞社の世論調査はそれを裏書きしていた）、それが彼を総裁に押し上げたことはその現れであった。

「橋本改革」の一つは、内閣官房の拡充にあった。縦割り行政の克服のためであった。そのために内閣法第四条を改正して、首相に重要政策の基本方針の発議権を認めることとした。また首相を補佐する人員を増やした。それまでの内閣官房は省庁の調整を行うことを主たる任務としていたのを、政策立案の役割を与えた。これらの改革で橋本首相のリーダーシップが発揮された。

小泉首相は橋本首相が準備した総裁の権力を十分に活用し、国民的人気を背景に強大な権力を振るった。その後、第二次以降の安倍晋三内閣も、安定した政権基盤の上に同様の手法を使ってきた。この内閣では内閣官房長官の菅義偉《すがよしひで》官房長官が官邸を取り仕切っている。

本書では、こうした諸政党の変貌に加えて、以上の首相の権限強化の過程をも、各内閣の業績をフォローしながら検討していく。

一九九〇年代における日本政治の転換

筆者はかつて、一九七五年に日本政治において多面的な転換があったとして、その五つの局面を指摘した（大嶽二〇〇七）。以下、具体的に列挙する。

①防衛問題が周辺化・マージナル化した。三木武夫内閣の下で坂田《さかた》道太《みちた》防衛庁長官によって防衛政策が刷新されたことで、防衛について国民的合意が達成された。その結果、再軍備・自衛隊をめぐる厳しい自社対立は影を潜めた。

②日本労働組合総評議会（総評）の急進的労働運動が終焉した。総評は官公労のスト権を獲得するために、一九七五年秋に「スト権スト」を行ったが、国民の支持を得られず無残な敗北に終わった。これをきっかけに総評の中核であった国鉄労働組合は国鉄民営化の下で、著しい衰退と再編に追い込まれた。

③ネオリベラリズムが登場し政策化されていった。香山健一《こうやまけんいち》の「日本の自殺」（『文藝春秋』掲載）を筆頭にネオリベラルな主張が日本の論壇に登場し、それが一九八〇年代前半期の第二

臨調（第二次臨時行政調査会）による行政改革、臨教審（臨時教育審議会）による教育の自由化として結実した。

④新自由クラブを嚆矢《こうし》としてポピュリズムが登場した。

⑤第二波フェミニズムが定着・制度化した。新左翼によって促されて登場したリブが退場し、行政フェミニズム（フェモクラット）が女性政策をリードした。

以上五つの局面において転換が起こったのである。それによって、左右のイデオロギー対立に代わり、政治腐敗・利益誘導型政治からの脱却を求める「改革」政治（政治改革、行財政改革、経済構造改革）が日本政治の中心的争点となった。政治は改革勢力と抵抗勢力の対決の場となったのである。

以上の一九七五年における日本政治の転換の二〇年後、第二の転換が一九九〇年代半ばに起こった。その代表が一九九四年の選挙制度改革、すなわち小選挙区比例代表並立制の導入であった。その背景には国際政治上の変動、すなわち一九八九年におけるベルリンの壁の崩壊と続くソ連の解体とがあった。他方、この時期にはバブル経済の崩壊があって、「失われた二〇年」が続いた。以下では、この一九九〇年代中期における転換の九つの局面を素描したい。

†①選挙制度改革

数十年にわたる自民党の一党支配下において金権政治が蔓延《まんえん》し、その最大の原因が政権交代がないことであるとされ、政権交代を期待できる選挙制度が模索された。その結果、細川護熙・羽《は》田孜《たつとむ》内閣の下で一九九四年に小選挙区比例代表並立制が導入された。

この「政治改革」の目的は単なる汚職の防止にとどまるのではなく、首相のリーダーシップの確立、具体的には、官邸の強化や「経済財政諮問会議」のような首相直属の諮問会議のイニシアティブの発揮をも狙ったものであった。衆議院の「中選挙区制度」が派閥の跋扈《ばっこ》を生み、首相選出が派閥の均衡の上に行われる慣行をもたらしたことで、首相の権限を著しく制約し、そのリーダーシップを阻害してきたとの認識をもとにした改革であった。この政治改革は徐々に成果を挙げ、政策決定は利害調整型から、首相のリーダーシップの下での「改革政治」へと変化した。

他方、一九七五年以後、河野《こうの》洋平《ようへい》（新自由クラブ）、土井たか子（社会党）、菅直人《かんなおと》（新党さきがけ）、小泉純一郎（自民党）などポピュリストが続々登場した。彼らはいずれも大都市の無党派層を支持基盤とし「柔らかい支持」に支えられた。その結果、社会党は都市の無党派層の支持を奪われた。かくて、「一九五五年の体制」の一方の柱をなしていた社会党が凋落《ちょうらく》を余儀なくさせられた。

†②日本社会党の凋落と野党第一党となった民主党

こうして一九九〇年代において、それまで野党第一党の地位を占めてきた日本社会党が得票数と議席数とを著しく減少させ、少数政党に転落した。そしてそれに代わって、まずは第三極として（旧）民主党が登場し、それが第二極、（新）民主党となり、やがて二〇〇九年には政権交代を実現した。

社会党が議席数の著しい減少を見せた最初は、一九九三年総選挙においてであった。日本新党、新党さきがけ、新生党が躍進する中、社会党は九〇議席という戦後最悪の敗北を喫した。それが社会党の終わりの始まりとなった。細川護熙内閣で最大与党となったにもかかわらず、この連立政権においては社会党は影が薄く、何度も煮え湯を飲まされた。

しかし、社会党は自民党と組むという「禁じ手」でこの苦境からの脱出を図り、村山富市《むらやまとみいち》を首班とする自社さ連立政権で首相の座を獲得した。しかし自ら権力を勝ち取ったというより、自民党の復活に力を貸す役割を演じたに過ぎなかった。そのことは間もなく橋本龍太郎首相への「禅譲《ぜんじょう》」によって自民党の一党優位体制が復活したことで明らかとなった。

ところで首相の座に就いた村山は、自衛隊と日米安保を容認することで、それまでの政策的立場を全面的に転換した。この転換には党内では一定の伏流、「準備」「助走」があったことは

第一章で述べるが、世論や社会党支持者、そして党内には「唐突」という印象を与えたことは否めない。既に社会主義というヴィジョンを失っていた社会党は、平和主義というスローガンをも失い、アイデンティティクライシスに陥った。そこから、ほとんど唯一の独自政策として、侵略戦争についての謝罪、従軍慰安婦に対する補償といった政策を自らの中心的政策課題とした。村山富市内閣の最大の功績として村山自身が「戦後五〇年決議」「村山談話」を挙げたことは、これを裏書きしている。

実は、一九六九年の社会主義理論委員会において「社会党はなぜ社会主義を目指すか」(『月刊社会党』一九六九年一二月号)という文書が作られている。そこには、「反独占国民戦線に依拠しつつ……社会主義への過渡期の政権」を目指すとあるが、どのような段階を経て社会主義国家を作るのか、いかなる社会主義国家を目指すのかは、全く明らかではなかった。逆に考えれば、既に時代遅れとなった社会主義を脱ぎ捨てることは、同党の現実主義化であり、支持拡大のチャンスを提供するものでもあったはずである。しかし社会党は、このチャンスをつかむことができなかった。

たしかに、土井たか子を党首として一九八六年には、「新宣言」を掲げ、マドンナブームを沸き起こして党勢を回復した。しかし当時の社会党は、階級政党としての社会主義政党というよりは、政治腐敗をなくすことを期待された「清潔」な素人集団、言い換えると大都市のサラリーマン、主婦の支持を受けた（一過性の）ポピュリスト政党としての性格が濃厚であった。

一九九六年一月、社会党は社会民主党（社民党）に名称変更した。しかし同年一〇月総選挙で同党は一五議席に激減する。約二〇年後の二〇一四年一二月の衆議院選挙でも惨敗し、ついに衆参両院で五議席に転落した。政権交代を可能にするはずの小選挙区制は、社会党を通り越して民主党に第二党の座を与えることになった。

民主党結党のきっかけは、一九九六年一〇月の総選挙を前に、鳩山由紀夫《はとやまゆきお》と（HIV疑惑の解明で一躍国民的人気を得た）菅直人とが新党さきがけを離党し、「二人代表」で新党を結成したことに始まる。自民党、新進党に対抗する第三極としてであった。多くの社民党議員は民主党になだれ込んだ。民主党首脳は社民党、新党さきがけの長老議員（村山富市や武村正義）の参加を拒否して「排除」し、合併によって旧社会党勢力がまとまったまま、民主党の一角を占めて存続しようとする村山らの試みは挫折した。他方「排除された」社民党首脳は極少数で再出発せざるを得なくなった。しかも労働組合・連合が（民間労組ばかりか総評系も）民主党支持に回ったため、社民党はその支持も失った。

一九九七年末、新進党が分解し新進党内の公明党以外の大部分が民主党に流れて、一九九八年春、（新）民主党が誕生した。二〇〇〇年六月の総選挙で一二七議席と躍進し、二〇〇三年九月には自由党を吸収合併した。合併により、両院合わせて二〇四議席を擁するに至った。

しかしながら二〇〇一年、小泉・田中眞紀子旋風が巻き起こり、続く二〇〇五年の郵政選挙でも小泉自民党が躍進して、民主党は足踏みする他なかった。

†③九〇年代以降の経済危機

一九九一年にバブル景気が崩壊して、二〇〇〇年代初めまで、日本経済は「失われた一〇年」と呼ばれる平成不況・長期停滞に見舞われた。不況はその後さらに一〇年続いて「失われた二〇年」と呼ばれるに至った。これは政府による経済政策の失敗などではなく、はるかに深い構造的要因によるものであった。

すなわち慢性的な需要不足や生産性の長期低迷、際だって高い民間貯蓄率などがその原因であった。人口の高齢化に伴って家計貯蓄は大幅に下落したが、企業貯蓄率は急速に上昇した。二〇〇〇年代に入り不良債権やバランスシートの毀損《きそん》の問題が解決したあとも、経済成長率は回復しなかった。先進諸国の中で日本ほど長期にわたって経済停滞を経験した国は極めて稀であった。

二〇〇二〜〇七年には景気が一時的に回復した。この回復は主として輸出の伸びによるものであった。特に驚異的発展を遂げていった中国への輸出が大きな位置を占めた。三角貿易という形で、アジア諸国から欧米への消費財輸出が、日本のアジア諸国への部品、素材、資本財の輸出を促したのである。

二〇〇八年九月にはリーマン・ショックが起こり、世界同時不況が始まった。日本にとっては輸出の急減が響いた。三角貿易のシステムが機能不全に陥ったのである。

しかもこの不況は世界規模での金融危機が背景にあった。この日本経済の危機に限って言えば、危機の様相は次の六つの局面に現れた（東京大学社会科学研究所二〇〇五）。①金融危機（不良債権問題）、②雇用の不安定化、③産業の空洞化（中国、東南アジアとの競争における敗北）、④サービス経済化、⑤本格的な少子高齢化、⑥情報革命、具体的には携帯電話、スマートフォン、インターネットなどの普及がそれである。

以上を前提に、九〇年代の若者における公共性の欠如、労働意欲・倫理の減退、自閉性などの問題が登場した。一九九〇年代におけるこれらの若者の特性の存在を社会学的に検証しようとした試みの一つが、浅野智彦編『検証・若者の変貌』である。しかし一方で、九〇年代半ばからは「行動する右翼」が登場し、デモ、署名活動、募金活動などで自己表現をした。彼らの敵は、言論エリートたる朝日新聞、NHKと、それを活躍の場とする左翼知識人、そしてフジテレビ（が支える韓流）であった。この運動の中核は、「嫌韓《けんかん》」と「在日特権」への批判である。

二〇〇〇年前後に登場してきたネット右翼の代表としてである。

†④雇用の不安定化

ここでは一九九〇年代の危機のうち、雇用の不安定化・流動化に焦点を当てよう（日本経済新聞社編二〇一七）。

一九八〇年代のバブル景気が一九九一年に崩壊し、多くの企業は非正規雇用を増やして人件費を節約した。その結果二〇〇九年までには一五〜二四歳（就学者を除く）の内、男性の二五%、女性の三六%、二五〜三四歳では男性の一四%、女性の四一%が非正規社員として働くまでに至った。非正規社員もパート、アルバイト、契約社員、派遣社員と雇用形態・労働条件が多様化している。

大企業ほど、正規と非正規の格差は大きい。正社員は非正規社員に仕事を押しつける。社員は定刻に帰るのに、派遣社員は残業して仕事を終えなければならない。

高齢者もこの窮状を共有する。コンビニや飲食店では、七〇代、八〇代の高齢者が深夜まで最低賃金レベルで働いている。フィリピン人やブラジル人などの移民労働者はさらに苛酷な環境に置かれている。

一方この前後には「ブラック企業」が登場し、正規社員に対しても長時間労働や職場におけるハラスメントが広がった（小谷他編二〇一〇）。

賃金の上昇も抑えられた。失業率も五％で高止まりした。他方で人口が減少し、とりわけ労働人口の減少が目立ってきた。その結果、労働人口に占める女性、高齢者さらには外国人労働者の比重が増加した。

ここで注目すべきは、三〇代以上の女性は六割以上が非正規で、かつ正規で働きたいという人は一割しかいないという事実である。日本的雇用と呼ばれた終身雇用、年功序列（そして企業別組合）という「正規」が「常態」とは見なされなくなった。もっともそれまでも女性は、形式的には正規雇用でも、ほとんどが結婚や出産までの「腰かけ」と見なされていた。

非正規のうち、最も悲惨なのは女性の独身非正規である。その実態を雨宮処凛《あまみやかりん》が描いている（雨宮二〇一八）。三五〜四四歳の七割近くは、年収が二五〇円万以下である。さらに別の調査では、女性の非正規社員全体のうち年収一〇〇万円未満が四四・三％もいる。経済的に苦しいので親元を離れられない。また職場では、セクハラに悩まされる。

こうした雇用条件の劣化を背景に、政府の雇用施策は弱者保護から有能な人材の確保へと変化した。社会保障制度も高齢者向けだけではなく、子育て層に厚くする方向へと転換した。また、経済社会の場で顕著になった能力主義は、平等より能力や成果に応じて差がつくことを認める方向へと転換した。さらに中途採用やフリーランスが増え、契約社員を高い報酬で迎える企業も見られるようになった。ここでは正規労働者を組織する日本型の企業別労働組合の役割が後退したのも当然であろう。組合員数も組織率も低下し、春闘では敗北し続けた。

こうした非正規の若者たちは、けなげにも「自分の好きなこと」よりも「人のためになることをしたい」という者が多く、二〇代では四三％、三〇代では五二％にのぼる。災害時のボランティア活動や臓器移植、献血なども若者の方が多い（小谷他編二〇一〇）。

二〇〇八年には、プロレタリア文学の代表作、小林多喜二《こばやしたきじ》の『蟹工船《かにこうせん》』が時ならぬブームとなった。フリーターや派遣にとって、『蟹工船』の世界が自らの境遇と同じであると映ったからである。このブームで日本共産党への入党者が急増した（小谷他編二〇一〇、鈴木二〇〇九）。同書では浅川という資本の悪を体現する可視的な敵が存在し、団結すべき工員仲間がいた。若者の働く現場での体験と比較して、この世界への羨望を禁じ得なかったのである。コンビニで働く若者たちは監視カメラに晒《さら》されながら、孤独な長時間労働に耐えている。彼らにとって、漫画やアニメの中に「かわいい」と感じる対象が登場する。そこに、小ささ、弱さ、はかなさへの嗜好が表現されている。

さて平成不況下の二十数年を経て、二〇一〇年代に入ると安倍晋三内閣（第二次以降）の下で景気がようやく回復した。米国や中国の世界経済の堅調さが、日本の輸出や生産の伸びにプラスに働いたためである。雇用市場の改善について二〇一七年八月の記者会見で安倍首相は「四年間のアベノミクスにより、雇用が二〇〇万近く増えた」と自賛した。高齢者も女性も何らかの仕事に就いて収入を得ているという事態になったのである。そして政府が労使に直接働きかけ、三年連続で二％台の賃上げを実現した。これは「官製春闘」と呼ばれ、政府が「連合」など労働組合のお株を奪って非正規労働者の処遇改善にも尽力しているのである。

二〇一六年八月、安倍内閣は政権の主要テーマとして「働き方改革」を掲げた。そして加藤《かとう》勝信《かつのぶ》を担当相に任命し、二〇一六年九月、有識者による「働き方改革実現会議」を発足させ、議長には安倍自身が就任した。この会議は二〇一七年三月には長時間労働の是正、独自休暇制度、在宅勤務やフレックスタイムの導入などを含む「働き方改革実行計画」をまとめた。これらの改革は少子化対策にもつながるとされた。そして二〇一八年の臨時国会には、関連法案を国会に上程した。

その他、茂木《もてぎ》敏充《としみつ》経済再生担当相には「人づくり革命」、野田聖子総務相には「女性活躍」、松山《まつやま》政司《まさじ》科学技術政策担当相には「一億総活躍」を割り振った。

以上は、高度経済成長期に定着していた「年功序列・終身雇用・企業別組合」といった日本型雇用システムが崩れ、その解体から新たなシステムが誕生したことを意味する。

他方で、深刻な労働力不足を背景として、外国人労働者の受け入れが喫緊の課題となった。二〇一八年一一月には、受け入れのための法制化が実現した。

†⑤日本経済の「構造」改革

日本は一九五五年以降「高度成長の奇跡」を実現した。それを支えたシステムが低成長期になって桎梏《しっこく》となった。前項ではその日本型システムのうち雇用慣行が政治争点化されたことを見たが、それ以外にも様々な日本的経済構造が政治争点となった。その一つが流通市場の日本的特殊性で、日米構造協議で問題となった。この問題については第二章で詳しく述べる。

次いで、日本経済の構造の改革に政治が果たした役割を見るために、その一例として、小泉純一郎首相による「構造改革」を検討したい。

二〇〇〇年代に入ってからであるが、二〇〇一年に首相となった小泉純一郎は、一九九〇年代以来の「失われた一〇年」からの脱却の役割を担って登場し、一定の成功を収めた（樋渡二〇〇六）。具体的には、経済財政諮問会議を設置し、経済財政相に竹中平蔵《たけなかへいぞう》を任命して予算編成を首相の主導の下に行うこととした。同時に不良債権処理を竹中に全面的に委ねるため金融相に任命した。経済、財政（予算決定）、金融の一体的処理を可能にするためであった。

金融面で竹中は「ハードランディング路線」を選択し、就任直後に銀行自身による「自己査定の厳格化」「自己資本の充実」「ガヴァナンスの強化」という方針を掲げた。特に、りそな銀行には二兆円の公的資金を注入し、またＵＦＪ銀行の旧経営陣を刑事告訴した。

小泉は、こうした処置で不良債権問題の処理に一定の目途がついたと判断し、その後は竹中を郵政民営化担当相に任命した。その下で作られた郵政民営化法案が参院で否決されたとき、小泉は衆院を解散するという意表を突く対応をし、総選挙で圧倒的勝利を得て、法案を衆参両院で可決した。

以上のように郵政民営化では、世論の圧倒的支持を得たポピュリスト首相が、(自民党の支持母体であった特定郵便局長、郵政族、経世会の抵抗を排して)経済構造、政治構造の果敢な改革を断行し得たのであった。

「構造改革」の対象となったものの一つに金融機関があった。日本の金融システムは護送船団方式をとっていたために、世界の潮流たる「金融自由化」に遅れをとり、国際競争力を欠くに至っていた。政治と深く結びついた郵便局が担ってきた通信・物流システム、郵便貯金を原資とした財政投融資という名の(公的金融と公的財政が結びついた)特殊日本的システムも「改革」の対象となった。

†⑥日本外交の転換

一九九〇年代の日本の外交・防衛政策は、「国際貢献」がキーワードとなった。まず一九九〇年、日本は湾岸戦争で一三〇億円という莫大な財政支援を行い、ペルシャ湾で掃海《そうかい》活動に従事したが、国際的には十分評価されなかった（かのように報道された）。以後これがトラウマとなった。湾岸戦争の二年後、宮澤喜一《みやざわきいち》内閣の時代に国際平和協力法（ＰＫＯ法）が成立した。同法にのっとってカンボジアへ一二〇〇人の自衛隊員の派遣が認められた。選挙が円滑に行われるかを監視、指導するためであった。

アメリカにおける「九・一一」同時多発テロに対しては、小泉純一郎首相はアメリカの対処、すなわちイラク攻撃を断固支持した。こうした明確な支持表明は、それまでの日本政府には見られなかった姿勢であった。そしてイラク戦争後、自衛隊はサマーワ地域に入り、復興支援やインフラ整備を行った。「血」はともかくとして「汗」は十分に流したのである。

ところで二〇〇五年頃から、中国は資源・エネルギーの確保のためアフリカに進出するようになった。そして中東・アフリカへの海上交通路の確保のため、艦船が安全に寄港できるように、数カ所以上の場所で港湾の建設を進めた。一九九〇年代初頭まで、沿岸海軍に過ぎなかった中国海軍は目覚ましい発展を遂げた。日本はアメリカとともに、この中国のアフリカ進出に対抗して、アフリカに繰り返しＰＫＯの派遣を行った。極めて戦略的な派遣であった。

自衛隊のアフリカでの任務としては、二〇一五年からのナイロビにおけるアフリカ諸国の兵士に対する重機操縦の指導があった。しかし、こうした活動は日本では全く報道されていない。二〇二〇年春の時点でＰＫＯは一四カ国、地域で展開されており、うち半数がアフリカにおいてである。

以上のような国際貢献の要請や中国の膨張主義に対応するために、日本は（それまで減らし続けてきた）防衛予算を、反転して二〇一三年以降は増加させた。もっとも中国の国防予算の急激な増加の比ではないが。

†⑦フェミニズムの制度化と定着

一九八九年、合計特殊出生率は一・五七となり、将来の少子化に強い危機感が広がった。そしてそれへの対応として、「育児休業等に関する法律」が一九九一年に成立した。しかし休業することはできるが生活するに足る所得保障がないことが問題であった。休業給付が少ないのである。さらに、二〇〇三年七月には次世代育成支援推進法が成立した。

一九九〇年代後半から二〇〇〇年代初頭にかけて重要法案が相次いで成立した。一九九六年の育児介護休業法、九七年の介護保険法、男女雇用機会均等法、九九年の男女共同参画社会基本法、児童売春・児童ポルノ禁止法、二〇〇〇年のストーカー規制法、二〇〇一年のDV防止法等々である。そもそも日本において、ジェンダーという言葉が普及したのは、一九九〇年代になってからであった。

ここでDV法について見ておこう（岩本二〇〇五）。DV（家庭内暴力）は一九九〇年代初期以降、ホットな議論の対象となった。一九九三年にDVの被害者向けのシェルターが東京、横浜に作られ、一九九五年までには全国で民間シェルターは二〇ほど作られた。一九九七年六月に、男女共同参画審議会に「女性に対する暴力の問題」の検討を諮問した。しかしなぜか男女共同参画室は、新規立法に積極的ではなかったため、参議院の女性議員たちが議員立法の形で、反ドメスティック・バイオレンス法をつくることにした。そして二〇〇一年四月に同法が成立した。

ところがこの動きは二〇〇〇年代になると停滞した。二〇〇一年にはジェンダーフリーバッシングが始まった。

女性の地方議員について見ると、生活者ネットのような無所属の市民派が多い。国政を見ると女性は参議院議員が多かったが、比例代表の参議院議員は時間的余裕があり、女性に関する法律の策定に時間をかけることができた。

一九九六年一月には橋本龍太郎内閣が誕生し、六大改革の一つとして男女共同参画社会基本法が制定された。この方針は小泉純一郎首相にも引き継がれ、小泉は「女性たちが元気になると、男性も元気になる」と述べて、女性の起業を応援すべく「チャレンジ支援」を指示した。橋本、小泉などのポピュリスト政治家は女性有権者の人気に負うところが大きく、その支持を保持するための戦略として女性政策を使った。

他方で、女性の社会参加を促す動きが出て、企業経営の場ではむろん、中央、地方議会でも三〇％のシェアを目標とすることになった。

これら一連の女性政策の推進の背後には、日本社会の大きな構造変化があった。一九八〇年代のバブルの時期、若い女性たちはその恩恵を享受した。行政フェミニストが推進した男女雇用機会均等法（一九八五年改正）などの成果の上にであった。ところがそれは皮肉にもフェミニズムへの関心の消滅をもたらした。

一九九一年におけるバブルの崩壊は、彼女らの豊かさを奪い取った。にもかかわらず、専門職での女性の進出は続いた。アカデミズムの世界では女性学が学界に確固たる地位を築いた。女性間での格差（「女々格差」）が言われる所以である。フェミニズムは、日本の社会・経済・政治の中にしっかりと組み込まれたのである。

安倍晋三はそのタカ派的な姿勢にもかかわらず、かねてより女性の活躍を力説していた。社会政策（男女平等）のためでなく、生産性向上、すなわち生産年齢人口の減少に対処するためであった。かくて安倍内閣の下で、二〇一五年八月「女性の職業生活における活躍の推進に関する法律」が成立した。管理職における女性の割合の数値目標を設定しようとする試みであった。二〇二〇年までに管理職の三〇％を女性が占め得るようにと経営側に働きかけた。

しかし経営側はこれに消極的であった。当時民間企業では課長以上の女性の割合は八・三％

に過ぎなかった。役員の一部とはいえ、民間人事に介入すること（「本来企業が自主的にやること」を政府に対する義務とすること）には抵抗があったが、前述の「官製春闘」と同様、政府は経営者の消極的姿勢を押し切った。経団連も安倍の要請に応え「女性の活躍推進部会」を設置し、「多様で柔軟な働き方」をキャッチフレーズとしてこの問題に取り組むこととなった。また政府に対し待機児童解消策の拡充などを訴えた。

以上の「女性の活躍」政策に対しては、元来安倍を支持してきた日本会議など、保守系団体が反対の声を挙げた。評論家の自民党応援団、櫻井よしこなども安倍の安全保障政策には賛成するが、女性の社会進出を促進する政策には、日本の伝統的価値を損なうものであり、反対するとの姿勢を示した。

†⑧ポスト冷戦型社会運動の登場

これまで繰り返し述べたように、日本政治における戦後最大のイデオロギー対立であった再軍備・防衛問題をめぐる自民党と社会党、財界と総評の対立は、一九七〇年代中期に姿を消した。

古典的な左右対立に代わって、一九九〇年以降にはポスト冷戦型の社会運動の形で新たなイデオロギー集団が登場した。日本会議、在特会《ざいとくかい》、愛国女子の会、シニア左翼、脱原発という形をとった（もっとも、沖縄米軍基地反対運動、吉野川河口堰反対運動など、旧来型の社会運動も存在した）。多くの宗教右翼団体を抱えた「日本会議」（一九九七年結成）は別として、ヘイトスピーチで有名になった「在特会」（「在日特権を許さない市民の会」）、そして安保法制および原発再稼働に反対するＳＥＡＬＤｓなどは、若者を中心とする「ふつうの市民」による、軽いコミットメント、「退出の自由」を特徴とする。二一世紀型とでも言うべき参加形式をとっている。

これらの運動がインターネットを利用していることも、左右共に見られる特徴である。ネットの利用は一九九〇年代から一般化したが、二〇〇〇年代には政治運動の道具として使われるようになった。ネット使用者がパソコンを離れ街頭に出るようになった。

参加者の特徴は、例えば在特会のヘイトスピーチを例にとると、サラリーマン、主婦、若者など当たり前の人々で、参加の軽さがその特徴である。大部分は大都市に住み、高学歴で年収も比較的高い。こうした「ふつうの人」が、憎悪に満ちた暴力的な言葉を投げかける（ときに絶叫する）。それが何ともアンバランスな印象を与える。

他方「ＳＥＡＬＤｓ」は、正式名称を「自由と民主主義のための学生緊急行動」といい、安倍内閣による（集団的自衛権を可能にする）安保法制決定に対する抗議から始まった。二〇一五年の国会前抗議によってであった。しかしこの運動参加者は、経済問題や国際問題への認識は極めて素朴で、香港の「雨傘運動」などからは中国の脅威を無視していると批判的な目で見られている。

ともあれ、SEALDsや在特会は、(一九七〇年世代以降)政治的無関心が蔓延したとされる現代の若者たちの一部が、それとは異なる姿勢を見せたことで、注目される。

ところで、一九九〇年代に突如、従軍慰安婦の問題が登場した。韓国では九〇年代の初めから、活動家たちが従軍慰安婦問題を提起してきた。戦後五〇年間を経てようやく過去と正面から向き合う「距離」ができた結果であった。この事情はドイツやフランスなどでも同様であった。また一九九六年、国連が日本に責任者の処罰などを求める勧告を行った。慰安婦問題は歴史教科書にも記載されるようになった。これに反発し「新しい教科書を作る会」が活動を開始した。

韓国の場合について言えば、冷戦の終焉によって国是《こくぜ》たる「反共」が意味を失い、ナショナリズム国家・民族国家が登場して、その延長上に「反日」が前面に出た。韓国政府は、日本社会党と同様、アイデンティティクライシスに陥り、そこから脱出するために政策としてはほとんど無内容な「反日」ナショナリズムに走ったのである。

慰安婦問題は、日本では在特会などのヘイトスピーチの登場を促し、現在イデオロギー対立の最前線である。もっともそれ以外のイデオロギー対立が霧散してしまったために、最前線に押し出された観は否めない。ナショナリズムの再登場は一九九〇年代以来の転換の重要な一局面をなしている。ドイツ連邦の大統領だったヴァイツゼッカーの言うように反省・謝罪もまた裏返された愛国主義・パトリオティズムの表現である。

†⑨歴史学にとっての一九九〇年代

最後に、アカデミズム、特に日本の近現代史を対象とする歴史学において、一九九〇年代が重大な転換期であったことを付け加えておきたい。それはマンガ（小林よしのりのポップな戦争ロマンチシズム）をはじめ大衆文化のメディアを通じて登場した（岩崎・リヒター二〇〇五）。従軍慰安婦、南京虐殺、沖縄における集団自殺の軍による強要などを否定する「歴史修正主義」としてである。冷戦後、すなわち「戦後・後」の認識として、アジア・太平洋戦争の再解釈を展開した。

これらは、グローバル化とバブル崩壊が生み出した社会不安の所産であるとの指摘もある。しかし他方で、九〇年代には歴史学者の間で戦争責任論、戦後責任論も改めて活発に議論された。それが従軍慰安婦問題の登場と連動していた。

まさにこの時期（一九九七年）に、ナチスのユダヤ人虐殺は、一部のナチス指導者によってばかりか、「ふつうのドイツ人」によっても行われたとの摘発が登場した。火付け役はアメリカの歴史家、ダニエル・ゴールドハーゲンであった。その著書『普通のドイツ人とホロコースト――ヒトラーの自発的死刑執行者たち』によってである。この著書をめぐって激しい論争が起き、これを「ゴールドハーゲン論争」という。さらにイタリア・ファシズムについて、エチオピア侵略戦争において毒ガスを使用したとの事実が暴露されたのも、前年の一九九六年であった（山口二〇〇六）。いずれの歴史的事実も戦争責任を再浮上させた。

こうした新しい学問的潮流は、「進歩的な戦後歴史学」からの転換と、若い世代による新たな歴史学の登場を意味していた。とりわけ、戦時期の総力戦体制についての研究が進展し、それまで戦前・戦後の連続・断絶を議論していたのが、戦中・戦後の連続・断絶を議論の俎上に載せた。雨宮昭一《あめみやしょういち》の「戦時戦後体制論」や山之内靖《やまのうちやすし》の「総力戦体制」、野口悠紀雄《のぐちゆきお》の「一九四〇年体制論」はその典型である。

そうした戦前・戦後連続説に対抗して、高度成長こそが戦前型システムを解体させ、戦後型システムを誕生させたのだとの断絶説も新たに登場した。戦後の高度成長は戦時統制経済の延長どころか、戦後の全く新しいシステム、すなわち過当競争と呼ばれるほどの市場のダイナミクスの所産であり、「経済的自由主義」の成果であったというのである。

以上に述べた一九九〇年代における日本政治における多面的な転換を経て、平成三〇年間の政党政治と社会運動が展開される。

以下ではそれを一つずつ、詳細に検討していきたい。

第一章　平成の自民党Ⅰ――竹下登内閣から小泉純一郎内閣まで

1　竹下登内閣から宮澤喜一内閣まで

†選挙制度改革の時代

「はじめに」でも述べたように、一九八九年、昭和天皇の崩御《ほうぎょ》で「昭和」が終わり、続いて始まった「平成」は、リクルート事件で幕を開けた（本章の事実確認は後藤二〇一四に依拠している）。竹下登内閣は、これに応えて「政治改革に関する有識者会議」を発足させ、自ら衆議院の中選挙区制度の見直しを掲げた。政治改革＝選挙制度改革の時代の幕開けであった。

内閣支持率は激減したが（一二・六％）竹下は続投し、消費税三％導入をはかった。消費税は、一九八九年四月一日に導入された。また竹下により、自民党内に政治改革推進本部が設置された。

政治改革には、後に政党助成金制度が導入されるが、野中広務《のなかひろむ》は、税金から政党に助成金が払われるのは政党政治を堕落させることになるとして反対し、「政党助成金を慎重に考える会」を作ってその会長となったが、大勢に押されて失敗に終わった。野中はさらに小選挙区は世襲を増やしていくとして、これにも反対であった。ただ、野中は自民党が一度は野党を経験して、これまでの垢を落とすことは好ましいとして、選挙制度改革で二大政党制が生まれ、将来下野することを歓迎していた（御厨他編二〇一八）。

竹下は結局、政治不信の蔓延の責任をとって退陣した。後継には外相の宇野宗佑《うのそうすけ》がなった。俳句も絵も玄人はだしの文化人であった。宇野は中曽根派であったが、派閥の領袖《りようしゆう》ではなく、竹下がコントロールしやすかった。かくて「竹下院政」と呼ばれ、閣僚人事は竹下が決めた。発足した宇野内閣は日米構造協議に直面し、宇野自身は女性スキャンダルによって足下をすくわれた。

一九八九年七月の参議院選挙は、新自由クラブに続く、第二のポピュリズム選挙となった。この選挙では、リクルート事件、消費税、そして首相の女性スキャンダルの「三点セット」で自民党が大敗した。

†社会党の躍進ときしむ自民党

この参議院選挙では、社会党は、土井たか子委員長が「山は動いた」というほどの大勝であった。女性候補が進出したことは「マドンナブーム」と呼ばれ、連合（全日本民間労働組合連合協議会）候補も一一人という大量勝利を得た。その結果、参議院では与野党が逆転し、ねじれ国会となった。宇野は、選挙の敗戦の責任をとって退陣した。わずか二ヵ月の政権であった。

これを受けて、自民党総裁、首相には海部俊樹が選出された。再び、竹下派（というより金《かね》丸信《まるしん》）の傀儡《かいらい》政権であった。竹下派は当時、一〇〇人を超していた。竹下は海部を選んで、自ら復権への道を探っていた。そして、幹事長に就任した小沢一郎が、事実上、海部内閣を取り仕切った。総選挙を間近に控えたこの時期には、選挙に責任をもつ幹事長の座が決定的であった。もっともこの時期竹下派を仕切りはじめたのは、竹下と距離をとりつつあった金丸信で、小沢の起用は金丸によるものであり、竹下としては不本意であった。

この時期の国際情勢を見ると、中国の天安門事件に続いて、ベルリンの壁崩壊という激動が続いていた。日本経済は依然好調で、バブル景気の最終局面にあった。

一九九〇年一月末、衆議院が解散され、総選挙に突入した。自民党は辛うじて政権に踏みとどまり海部は政権担当を続行した。その直後、イラクがクウェートを侵略した。湾岸戦争の開始であった。しかし、海部をはじめ政府与党内に危機感はなかった。それが、多国籍軍への一三〇億ドルの支出にもかかわらず、クウェートから感謝されていないと報道される事態を生んだ一因であった(第十章で詳説)。

†日本新党の躍進

この間、選挙制度改革をめぐって自民党内で内紛が続いていた。一九九一年一〇月、海部は退陣した。バブル経済は既に崩壊していた。後継には宮澤喜一が就任した。しかし依然、政権運営は竹下派に握られていた。

一九九二年の五月、熊本県知事だった細川護熙は日本新党を立ち上げた。かつての新自由クラブの再現である。七月の参院選に照準を合わせたものであり、実際参院選では日本新党が四議席を獲得した。

既に一九九二年二月には、佐川急便からの献金事件が急浮上し、東京地検特捜部は金丸信の捜査に乗り出していた。金丸は経世会会長の座を降りた。検察は有罪を確定し、五億円の献金に対し二〇万円の罰金を科した。これが世論の猛反発を受けた。たった二〇万円か、というのであった。その後、金丸は脱税で逮捕され、自宅から金の延べ棒が運び出されるシーンがテレビで放映され決定的ダメージを受けた。野党は金丸の議員辞職を要求し、金丸はそれを受け入れた。経世会はこれによって羽田孜（小沢）グループと小渕恵三《おぶちけいぞう》グループとの二つに分裂した。

一九九三年六月、社会党は宮澤喜一内閣に対して不信任決議案を提出した。羽田グループはこれに賛成するつもりであった。宮澤は直ちに解散、総選挙を決めた。このとき武村正義を中心に一〇人の自民党若手議員（むろん当時の武村は若手ではないが、滋賀県知事から国政に進出してまだ間がない新人議員であった）が離党し、「新党さきがけ」が誕生した。

総選挙の前に東京都議会選挙が行われ、細川の率いる日本新党が躍進して二〇議席を獲得した。新自由クラブ、マドンナブームに次ぐ、国政では三度目のポピュリスト政党の登場であった。

国政という枠を外せば、日本で最初のポピュリストは美濃部亮吉《みのべりようきち》東京都知事であった。美濃部はＮＨＫテレビの教養番組「やさしい経済教室」で経済問題を易しく解説して人気をつかんだ。都府県知事には、その後、次々とポピュリストが登場する。青島幸男、横山ノック、石原慎太郎、橋下徹、小池百合子など枚挙に暇がない。ポピュリズムという言葉は、マスコミではしばしば「大衆迎合型政治」という否定的な意味で使われるが、ここでは、議会や政党を飛び越して有権者に直接アピールする手法という意味で用いる。

なお、宮澤内閣は総辞職直前に、官房長官の河野一郎が戦時中の従軍慰安婦に関する報告書をまとめ、官房長官談話（いわゆる「河野談話」）を発表した。宮澤が自分の時代に、この問題に決着をつけようとしたことの結果である。しかしこの問題は最終的解決にはならず、安倍晋三内閣の時代に再燃することになる。

2 細川護熙内閣の誕生から村山富市内閣までの政界再編

†非自民連立政権の成立

前述の通り、一九九三年、宮澤内閣不信任案が可決され総選挙に突入した。六月、自民党から離脱した武村正義らは「新党さきがけ」を結成して、総選挙に臨んだ。選挙運動中に、小沢一郎、羽田孜らも自民党を離党し、四四人の「新生党」を結成した。七月の総選挙は、自民党は第一党の座を維持したが、過半数には及ばなかった。日本新党は三五議席（全て新人）と躍進したのに対し、社会党は一三四議席から七〇議席にまで凋落した。このとき、非自民連立政権成立に駆け回ったのは小沢一郎であった。そして八月、細川護熙内閣が成立した。

連立政権に参加したのは、社会、新生、公明、日本新党、民社、さきがけ、社民連の七党と参議院の会派である民主改革連合であった。副総理には羽田を、官房長官には武村を配した。

政権運営の中核は黒子《くろこ》に徹した小沢一郎が担った。小沢だけが自民党内で政権運営に十分な経験を積んできていたからである。武村は小沢に対抗し二人の関係は徐々に悪化していった。さらに社会党では総選挙での惨敗の責任をとって山花貞夫《やまはなさだお》社会党委員長が辞任し、後任に村山富市が就任した。村山は小沢に批判的で、連立政権内での社会党の立場は微妙になった。そもそも七党間で合意を得るのが難しい上に、パーソナリティ上の対立が政権運営をいっそう難しくしていた。

†ネオリベラル・ポピュリスト

細川はスマートさを売り物にした典型的なポピュリストであった。例えば、シアトルでAPEC（アジア太平洋経済協力会議）が開かれたとき、大きなマフラーを小粋に巻いて写真に収まって国内だけでなく、海外でも話題を呼んだ。また、記者会見ではプロンプターを初めて使い、立ったまま会見を行った。

細川が直面した問題の一つに、ウルグアイ・ラウンド（貿易多角化のための通商交渉）での米の一部自由化があった。社会党はこれに猛反発した。しかし、ぎりぎりのタイミングでこれを受け入れた。実は、細川は米の一部自由化を、政治改革と並ぶ最優先課題としていた。細川は「選挙制度改革をウルグアイ・ラウンドの片手間にやった」とまで言っている。細川がネオリベラル・ポピュリストと呼ばれる所以である。細川はかつて第三次臨時行政改革推進審議会で「豊かな暮らし部会長」として市場開放、規制緩和に取り組んだことがあった。米の輸入自由化はその時以来の彼の持論であった。

社会党は、なぜ米の輸入自由化に猛反発したのか。社会党は本来都市労働者および高学歴のサラリーマンを支持者としていたが、官公労(日本官公庁労働組合協議会)たる国鉄労働組合、全逓信《ぜんていしん》労働組合、日本教職員組合、全日本自治団体労働組合などの組合員の多くは農村部に家をもち、兼業農家であることが多かった。米作りは一日二時間程度で(勤務のあと)できるので、それが可能であった。かくて社会党は農業利益に配慮しなければならない政党となっていた。この点で自民党と変わりがなくなっていたのである。

†小選挙区比例代表制の導入

細川内閣は政治改革を最大の課題としていた。自民党だけでなく与党たる社会党内部での反対もあったが、細川と河野洋平自民党総裁の首脳会談で合意が成立し、政治改革関連法案は臨時国会で成立して、小選挙区比例代表制が導入された(小選挙区は対象となる有権者が減るので、例えばポスターの数が減り、かなり選挙費用が少なくてすむ)。しかし政治改革を旗印にしていた八党連立は要となる争点を失って、解体に向かった。小沢と武村の確執はさらに深刻化していた。

一方、野党時代の自民党は意気消沈していたが、蜷川虎三《にながわとらぞう》京都府政の下で野党経験を積んでいた野中広務は、意気消沈している自民党員を元気づける役割を演じた。国会（予算委員会）での質問・追及などを通じてであった。美濃部都政に反対してきた野党経験をもつ深谷隆司《ふかやたかし》も同様であった。

一九九三年末に細川の借入金問題が浮上し、四月に突然辞意を表明した。わずか八ヵ月の政権に終わった。細川が金銭スキャンダルで退陣したあと、紆余曲折の末、羽田孜が首相の座についた。しかし、社会党は連立を離脱し、羽田内閣は少数与党の上に政権を築いた。

†自社さ連立の衝撃

次いで一九九四年六月、自民党と社会党が連立し世間を驚かせた。国対政治を通じて事実上連携した経験が生かされたのである（「国対政治」とは、自社が表では対決しつつも、裏では国会対策委員長同士が国会の運営について連携する日本独自の政治スタイルであった）。それに反小沢を掲げた新党さきがけが加わって、村山富市社会党党首が首相に就任した。前代未聞の政変劇であった。冷戦の終焉で、安保、自衛隊をめぐる対立が意味を失ったことが背景にあった。

自民党としては、村山内閣は一時しのぎであり、近い将来自民党政権が誕生するとの読みがあった。そして、その後の展開はまさにその通りとなった。

村山は、日米安保の堅持、自衛隊の合憲、君が代の合憲を明言した。ただし専守防衛、自衛隊の海外派遣反対、集団的自衛権の否定は譲らなかった。所信表明演説で、冷戦の終焉でイデオロギー対立の時代、資本主義と社会主義の対立の時代は終わったと宣言した。平和主義だけでなく、社会主義も放棄したのであった。

村山はこの転換を、「サミットに出かけていくと、あれだけ敵対してきたロシアの大統領がアメリカの大統領と同じテーブルについて議論する時代になった。社会党が自民党と同じテーブルにつくのはおかしい、というのはバカげている」と正当化した（岡野他編二〇〇〇）。

†アイデンティティを失った社会党の三大課題

野に下った小沢一郎は、公明党、日本新党、民社党などを糾合して、新進党を結成し、党首に海部、幹事長に小沢が就任した。二一四名の大所帯であった。

一九九五年一月、阪神・淡路大震災が起こった。死者約六五〇〇人、被害総額は一〇兆円弱の惨劇であった。続いてオウム真理教による地下鉄サリン事件が起こった。政府は対応の遅れを厳しく追及された。オウム真理教に対して、元来極左への対策を念頭に作られた破防法（破壊活動防止法）を適用することには、社会党内に抵抗があったが、村山内閣はやむを得ないと適用に踏み切った。

村山は社会党らしさを出そうと、「戦後五〇年国会決議」や慰安婦問題の処理を手がけた。村山は自らの最大の功績として、この「村山談話」を挙げている。

その他にも被爆者援護法制定（国家補償）、水俣病患者の救済があり、従軍慰安婦と並んで、「三大課題」と位置づけた。そして、強引とも言える姿勢で自民党の反対を退けた。平和主義とも社会主義とも決別した社会党にとって、この「三大課題」はほとんど唯一の政策主張となったのである。

この内、水俣病について言えば、村山首相が強いリーダーシップを発揮した。社会党にとっても積年の課題であり、久保亘《くぼわたる》書記長が村山を支えた（岡野他編二〇〇〇）。

ところで村山内閣発足当時、米国政府や新聞の態度は極めて厳しく、冷淡なものであった。ところが村山は最初の訪米でクリントン大統領と会談した折り、二人だけの席で、自身が貧しい漁師の六男に生まれたことや、なぜ社会党に入党したかなどプライベートな話題を通じて、クリントンの友情と個人的信頼を勝ち得た。人柄のゆえである。

一九九五年七月の参院選では与党は惨敗し、新進党は選挙区、比例代表のいずれでも得票数は自民党を上回った。しかし参院での与党は過半数以上を確保した。村山は辞意を表明したが、自民党側は村山の続投を求め、最後には村山もそれを受け入れた。

自民党の側では、河野が総裁を辞め、九月の総裁選で橋本龍太郎が勝利した。橋本は別として、当時の自民党は加藤紘一、河野洋平、野中広務、古賀誠などリベラル左派あるいは社会民主主義者ともいうべき政治家が牛耳《ぎゅうじ》っていた。慰安婦に謝罪する「河野談話」が出されたのはこうした背景からである。

当時若手であった安倍晋三らは、自虐史観を批判する「日本の前途と歴史教育を考える若手議員の会」（安倍は事務局長）を結成して反対勢力を作っていた。

3　橋本龍太郎内閣

†「第三極」民主党の結成と躍進

一九九六年一月五日、村山は退陣を表明した。まもなく社会党は、社会民主党・社民党と党名を変更した。

村山の退陣を受けて、国民に人気のある橋本龍太郎が組閣した。橋本は、自民党内、経世会ではやや一匹狼的存在であった。自社さ連立はそのまま継続した。

橋本を待ち受けていたのは、住専《じゅうせん》問題と普天間《ふてんま》基地の移転であった。前者は公的資金の注入によって（囂々《ごうごう》たる非難の中で）解決したが、後者は迷走を重ねた上、二〇二〇年春に至っても解決の目処がついていない。

ところで橋本内閣で、さきがけの菅直人が厚相となり、厚生省内でＨＩＶ資料を発見し、遺影の前で土下座した。これで菅は一躍人気を得た。新たなポピュリストの誕生であった。ところが、菅は間もなく女性スキャンダルが暴露されて辞任に追い込まれた。

橋本首相は九月末、衆議院を解散した。重複立候補を伴う新選挙制度の下での最初の選挙が始まった。その翌日、鳩山由紀夫、菅直人らによって、新党結成大会が開かれた。（第一次）民主党の結成である。五七名の「第三極」誕生であった。ただ新党ブームは起きなかった。社民党では、村山に代わって土井たか子が党首となった。

総選挙では自民党は過半数には届かなかったが、辛勝した。新進党からの離脱者を入党させ、社民、（武村一人になった）さきがけと連立して、第二次橋本内閣が発足した。

この時期、北海道拓殖銀行、山一証券が破綻し、さらには日本長期信用銀行が危機に直面し、日本は金融危機に陥った。一九九八年七月、参院選で自民党は惨敗し、民主党は大きく躍進した。

†トップダウンによる六大改革

橋本は大上段に六大改革を掲げた。世論に訴えるポピュリスト的手法による改革であった。この内閣の官房副長官に就任した与謝野馨《よさのかおる》は無派閥で、派閥の領袖や元首相（中曽根康弘、竹下登など）を並べた「財政構造改革会議」を官邸に設け、財務相の協力を得て公共事業、防衛費、社会保障費を大胆に削減した。

また、大蔵省が「財政再建法」を作ったのも、官邸の意思の表れである。族議員、省庁の抵抗を排し、財政再建を達成するためであった。

ここまで来ると、大蔵省も本気でこの流れに乗る気になった。官邸が一定の方向性を出し、大蔵省が事務局として細部を詰めるという図式である。橋本政権の前半期では、梶山静六《かじやませいろく》官房長官と与謝野馨副長官が手を組んで、財政、金融に関して官邸主導が貫徹した。それまでの自民党の手法とは異なるトップダウン方式であった。

竹下登は建設族封じに、加藤紘一は農林族封じに動いた。橋本行革自体、首相の権限を強化する狙いをもつものであった。「内閣機能の強化」という官邸主導態勢である。

橋本内閣は内閣法第四条第二項で、首相が重要政策の基本方針をトップダウンで閣議にはかることができるようにした（清水二〇〇九）。

橋本の後を継いだ小渕恵三内閣は、経済戦略会議や産業競争力会議を設置し、民間人（実業界や学界の人材）を政策決定に参与させた。後者は過剰設備、過剰債務の問題に取り組んだ。この諮問会議方式はその後しばしば繰り返され、小泉純一郎内閣で全面開花することになる。

また、小渕は男女共同参画に熱心で、室を局に格上げした。野中広務官房長官も男女共同参画基本法については、「心血を注いで」実現に向けて努力した（御厨他編二〇一八）。モダンとは言えないこの二人がフェミニズムに理解があったのは興味深い。野中は同和出身者で、女性差別を含む差別問題全般に関心があった。橋本龍太郎もフェミニズムを積極的に支持していた。

†自自公連立から小泉・田中眞紀子旋風へ

政局は、自民党と自由党（小沢一郎党首）との連立たる「自自」から、公明党を加えた「自自公」に向かった。

他方、東京都知事選挙で石原慎太郎が当選。都民の支持を得て、ポピュリスト知事として活躍した。一九九六年には、作家の田中康夫が長野県知事に当選した。もう一人のポピュリスト知事の誕生である。地方官僚と既成政党への挑戦であった。

病気で倒れた小渕の後を継いだ森喜朗《もりよしろう》内閣は、ＩＴ（情報技術）バブル崩壊やゼロ金利解除で経済を失速させた。そして愛媛県の漁業実習船「えひめ丸」がハワイ沖でアメリカの潜水艦との衝突で沈没し（えひめ丸事件）、その間ゴルフを続けていたと報道され、さらに追い打ちをかけられた。森首相の支持率は、七％にまで低下し退陣した。

森は総選挙の最中、「無党派層は寝ててくれればいい」と発言したと批判されたが、実際は「寝ててくれればいいと思うでしょうが、そんなわけにはいかないでしょう」と言っている。誤報というより捏造《ねつぞう》であったにもかかわらず、この報道は森への支持率に大きな影響を与えた（大下二〇〇六）。

森の後任をめぐって、小泉・眞紀子旋風が起こった。小泉は自らが会長を務める森派を離脱し、「派閥政治の弊害打破」を掲げて自民党総裁選挙に出馬した。かくて空前のポピュリストが登場した。

4　小泉改革

†街頭演説で誕生した自民党総裁

二〇〇一年、森退陣を受け、自民党総裁選に向けて小泉・眞紀子旋風が起こった。小泉純一郎はそれまで幹事長、幹事長代理、総務局長など党内での役職を占めてきておらず、そのため自民党議員にもあまり知られていなかった。変わり者と思われ、金銭スキャンダルとは無縁の潔癖な政治家であった。森派に属してはいるが、子分を作らず、橋本龍太郎以上の一匹狼的存在であった。

総裁選に当たっては、街頭演説一本槍で行く作戦を立て、テレビの討論会も最小限に抑えた。他の候補は六〇〇〇万円もする党員名簿を入手して、文書を発送したり、電話をかけまくった（大下二〇〇六）。

小泉・眞紀子の街頭演説は大成功を収めた。群衆が大挙して押しかけたのである。小泉はまた、選挙公約をあまり具体的にせず、抽象的なものにとどめた。「自民党を変える」「派閥を解消する」といった具合である。政権をとってから公約に拘束されるのを避けるためでもあった。かくて小泉・眞紀子旋風による総裁選は、首相公選制に近いものとなった。

ところが、小泉が総裁選に立つと、小泉の秘書、飯島勲《いいじまいさお》が職域団体の支持を求めて動きまわった。当時、団体票は党員の約七割を占めていると言われた。日本遺族会を含めた橋本の牙城を襲ったわけである。この党員による予備選挙では、小泉は八七％という驚異的な支持を得た。国会議員票の開票を待たずに、小泉の勝利は確定した。

総裁・首相となった小泉は、徹底した「（最大派閥の）橋本派はずし」に出た。そして、田中眞紀子を外相にし、その他四人の女性閣僚を誕生させた。女性の登用は歴代内閣最多であった。そして支持率は細川を超えて八六・三％に達した。

†総裁・首相の力の増大

この時期までに政府・与党の権力構造は大きな変化を遂げていた。官房長官は官房機密費を采配でき、幹事長は政党交付金の配分権を握った。政府と党とにおいて総裁・首相の力は断然大きくなった。

そして竹中平蔵が主宰する「経済財政諮問会議」が設置され、小泉は経済政策を、全幅の信頼を置くこの竹中に丸投げした。財務相や族議員を脇に追いやっての予算作りとなった。閣僚人事について言えば、従来の派閥均衡人事を退け、国民に人気の高い政治家を任命した。さらにマスコミ対応の巧みさが目立った。これを担ったのが首席秘書官に就任した飯島勲であった。都議選における自民党の躍進は最初の成果であった。続く参院選でも小泉効果は抜群であった。

†鈴木宗男vs田中眞紀子

ところでこの間に、国際協力NGO、ピースウィンズ・ジャパン（代表は大西健丞《おおにしけんすけ》）が、外務省によってアフガニスタン復興支援国際会議への出席を拒否されるという問題が浮上した。ピースウィンズ・ジャパンは、アフガンでそれまでにないほどの大規模な緊急人道支援を行ってきた実績のあるNGOである。

この出席拒否は鈴木《すずき》宗男《むねお》議員の圧力によるものであった。鈴木は陰の外務大臣と言われるほど外務官僚に影響力があった。持ち前の大声による恫喝《どうかつ》(すぐカッとする習性があるが、意識してその怒りを爆発させているようである)と予算配分への力がその源泉であった。ODA予算の削減に対しては、鈴木はいつも外務省の立場に立ってそれを阻止してきた実績もあった。

ただ利権にめざとい政治家であるし、自分がコントロールできない組織だからであろう、鈴木は大のNGO嫌いであった。外務官僚は鈴木の前では保身に汲々としていたように見える(原田二〇〇二)。このNGOの出席問題では外相の田中眞紀子は完全に外されている。異様な事態というべきであった。

大西らは鈴木に対抗すべく、他のNGO(「セーブ・ザ・チルドレン」や「難民を助ける会」など)も招いて記者会見を開き、不当な措置について訴えた。しかしNGOの中には、外務省の予算に大きく依存している組織もあり、外務省に睨《にら》まれたら今後どうなるかわからないとの懸念を表明するものもあって、共同声明を出すことはできなかった。

だが、新聞記者の目はNGOに好意的で、大西らが排除されたことに批判の目を向けた。そして、復興会議とは別に、アフガン復興支援国際会議NGOセッションが開かれた。田中外相は鈴木宗男に対抗して、大西をサポートした。

小泉は田中が外相としての「外務省改革」の名の下に、非常識な言動——例えば外務官僚を使用人扱いする、外国の要人との約束を直前になってキャンセルするなど——を繰り返したために、結局、田中を更迭《こうてつ》せざるを得なくなった。

田中は田中で「鈴木宗男議員の影響力排除」を外務省改革の柱の一つとしていた。当時、鈴木は衆院議員運営委員長の地位にあった。結局、小泉は田中外相を更迭すると同時に、野上義《のがみよし》二《じ》外務事務次官も同様にし、鈴木については委員長の職を解いた。しかし国民の同情は田中眞紀子に集まり、小泉の支持率は急落した。小泉はそれを覚悟でこの決断を下したのである。

鈴木は、「ムネオハウス」などの疑惑で結局失脚した。他方、田中は議員秘書の給与についての疑惑を『週刊文春』に暴露され、議員辞職に追い込まれた。

†靖国参拝とテロ対策——小泉の外交

小泉は二〇〇一年八月一三日に靖国神社を参拝した。総裁選挙の公約で八月一五日に参拝としたことを実現したのであった。一五日を避けたところに意味があるとされた。しかし中国や韓国はその配慮には何の意味も認めず、厳しく批判した。

そういうことならと、開き直ってその後も小泉は参拝を続け、二〇〇六年にはまさに終戦記念日に参拝を行った。日中関係が厳しいものになったのは当然である。

実は、一九八〇年代前半までは、中国も韓国も首相の靖国神社参拝を特に問題とはしなかった。しかし、中曽根康弘首相が「戦後総決算」を掲げて新保守主義・新国家主義を掲げたことで警戒心を抱くようになった。そして、一九八五年に中曽根首相が靖国神社を公式参拝したことを厳しく批判した。それ以来今日まで、中国・韓国による靖国参拝批判は続いている。

高橋哲哉によれば、中国がA級戦犯の合祀《ごうし》を批判しているということは、実は中国は靖国神社の存在それ自体を批判しているのではないことを示している。また、中国側が、戦争は「一握りの軍国主義者」の責任であり、日本国民は免責されると理解しているということも意味する。さらに言えば、これ以外の戦争犯罪を問題にしない姿勢を示していた（高橋二〇〇五『靖国問題』）。自民党幹部がこの含意を理解していたとは思えない。

そうしたなか、米国で「九・一一」の同時多発テロが起こった。それによって有事法制の気運が高まり、二〇〇二年四月に武力攻撃事態法など有事関連法案が国会に上程された（古川二〇一五）。この法案は民主党の支持も得て五月中旬に可決された。次いで、イラク復興支援法も制定された。小泉はそれまで外交については全く関心もなく素人であったが、対テロ対策には素早く立ち上がった。

二〇〇三年一月、米軍はイラク攻撃を開始した。小泉は直ちにブッシュの決断を支持することを明らかにした。引き続き日本政府はイラク復興支援を行った。この復興支援のために派遣された陸上自衛隊は、二〇〇六年七月、無事撤収を終えた。

†人事の慣習を破る

小泉は大統領型政治を目指し、そのために「首相公選制を考える懇談会」を設置し、毎回これに出席した。この構想は実現しなかったが、小泉が一種の公選された首相であることを印象づける効果をもった。

実務については、小泉は（森内閣でも官房長官であった）福田康夫《ふくだやすお》官房長官と竹中平蔵経済財政相とに多くを委ね、「自分は政策をよく知らない」と言っていた（牧原二〇一三）。

小泉内閣では、外交、行革、経済財政政策のどれもが、内閣官房・内閣府を主たる担い手としていた。それに対応して内閣官房の定員が二〇〇名から六〇〇名以上へと急増した（牧原二〇一三）。これはキャリアパスを崩し、縦割りの弊害をなくすことにも貢献した。小泉はまた省庁間の人事交流を大々的に増加させることを求め、それを実現させた。

小泉は、安倍晋三を官房副長官、幹事長代理、幹事長、官房長官と一貫して引き立てて、後継者に育て上げた。言い換えると、安倍は一度も大臣を経験せず首相に就任した。それまで自民党では、外相、蔵相、幹事長などが首相への道であった。

小泉以降の官邸主導の時代には、官房長官こそが首相へのステップとなった（清水二〇〇九）。それだけに大臣を経験して、省庁という組織を率いたことがないことは、官僚の使い方を学んでいない、さらには閣僚を率いる方法をも学んでいないことを意味しており、首相になってから重大な欠陥を露呈することになった。これは後の首相・福田康夫にも共通する弱点となった。

小泉はまた、総裁と幹事長とを同じ派閥から出さないという、それまでの自民党の慣習を破った。

構造改革の第一弾として道路公団の民営化と医療制度改革が行われた。

医療制度改革の方針は「三方一両損《さんぼういちりようぞん》」と呼ばれるもので、「窓口での患者の三割負担、保険料引き上げ、診療報酬マイナス」の一体実施であった。医師会、厚生族、厚生省の反対は強かったが、小泉はこれを押し切った。

†拉致問題解決による支持率の急上昇

二〇〇二年八月三〇日、小泉は九月一七日に北朝鮮を訪問し首脳会談を行うと福田康夫官房長官を通じて発表した。拉致問題解決のための訪朝であり、衝撃的発表であった。もっとも、米韓中露には了解を取っていた。

実は、訪朝にあっては外務省アジア太平洋局局長田中均《たなかひとし》が水面下で二十数回にわたって交渉した。小泉はかなり早い段階から田中に水面下の交渉を命じていた。

平壌《ピョンヤン》に着いた小泉らは首脳会談に先立って、拉致被害者が「五人生存、八人死亡」という衝撃的なメモを受け取った。そして厳しい交渉の末、生存者五人の帰国が実現した。一時帰国のはずだったが、政府は彼らを北朝鮮に帰すことを拒否し、日本に永住することになった。

小泉への支持率が急上昇し、田中外相の更迭で下がっていたのが、六〇％台にまで回復した。その後、小泉は再度訪朝し日本に帰っていた拉致被害者の家族、五人の子供たちの日本への帰国を実現した。ところが「家族会」は、他の拉致被害者の件をさらに追及すべきであったと、小泉を激しく非難した。小泉が黙ってこの非難に耐えているシーンがテレビで繰り返し放映され、小泉は視聴者からかえって同情を買った。

この勢いに乗って、小泉は自民党総裁選で圧倒的勝利を収めた。四九歳の安倍晋三を幹事長に抜擢して党内を驚かせた。安倍を後継者とする意思を示したものと受け取られた。また当初は公明党に批判的であった小泉だが、徐々に公明党と親密な関係を築いていった。

†郵政民営化

野党の側では二〇〇三年九月末、小沢自由党が民主党に吸収されるような形で合併が成立した。衆参併せて二〇四人の大所帯となった。一方、小泉は衆議院解散、総選挙を決めた。小泉の予想に反して、総選挙では自民党は過半数を割り、公明党との連立で辛うじて政権を維持し得た。

年金の無駄遣いや年金未納問題で追及を受けた小泉は、二〇〇四年七月の参議院選挙でも完敗している。民主党は政権交代を視野に入れることが可能になった。

ところが自民党内では、日本歯科医師会からの献金隠しで橋本派が動揺し、参院選の敗北による小泉退陣の声は出なかった。

小泉は郵政民営化に向かって走り出した。二〇〇四年九月には、郵政民営化の基本方針が閣議決定された。「俺は殺されてもいい」という小泉の迫力だった。

郵政民営化法案の衆議院での可決、参議院での否決と、郵政選挙での圧勝が続いた。二〇〇五年八月の郵政解散の際の記者会見は鬼気迫るものであり（大下二〇〇六）、小泉の個人演説会でも「すさまじいばかりの執念」をみせた。有権者に対するアピールとしては、最高であった。

解散後、飯島首相秘書官は武部勤《たけべつとむ》幹事長、二階俊博《にかいとしひろ》総務局長とともに、郵政民営化に反対した自民党内「造反組」に対していわゆる「刺客候補」（特に女性候補）の擁立に全力をあげ、二六人の女性刺客が全員当選した。

かくて二〇〇六年九月末、小泉は五年半の任期をまっとうして、辞任した。後継には安倍晋三を選んだ。

第二章

日米構造協議と日本異質論

1 日米構造協議の政治過程

†背景と発端

一九八九年七月〜九〇年六月の日米構造協議（英語では、「U.S.-Japan Structural Impediments Initiative（構造障壁除去のための協議）」と呼ぶ）は、米国の巨大な貿易赤字を背景としていた。そこでまず、五〇〇億ドルにのぼる貿易赤字が何故生まれたのかを見ておこう。

レーガン政権の経済財政政策「レーガノミクス」は、一方で①国防費の急増と②歳出削減の失敗とによる歳出の増大と、他方で③大幅減税による歳入不足とによって、巨大な財政赤字を生んだ。この財政赤字が高金利を生み、それがドル高による競争力の低下をもたらし、巨額の貿易赤字を生んだのである。一九八四年頃からこの財政赤字と貿易赤字が「双子の赤字」と呼ばれるようになった。貯蓄・投資のバランスの悪化でもあった。

ところが米国政府や米国世論は、対日貿易赤字はこうしたマクロ経済政策上の失敗の故ではなく、日本の市場の閉鎖性によって米国企業が対日輸出や投資、さらには経済進出を阻まれているからである、と主張した。一言でいえば、対日赤字は日本の不公正な慣行に原因があるというのであった。

そこから、日米交渉によって日本市場を開放することが必要だという議論が登場した。この時期、一九八〇年代末には日本経済は不動産バブルの最終局面を迎えていた。米国においては、ベルリンの壁崩壊とソ連の解体がソ連の脅威を後退させ、代わって日本の経済的脅威がアメリカを襲うことになった。こうした背景で日米構造協議が始まった。

実はもう一つの摩擦要因として、日本企業が貿易黒字・「金余り《かねあま》」をバックに、アメリカで企業買収や不動産投資に乗り出していたという事情があり、それがアメリカ人の怒りを買った。特にソニーによるコロンビア映画会社の買収と三菱地所によるロックフェラー・センター株式の取得は、アメリカのシンボル的企業が日本資本の傘下に下るという印象を与えた。日米交渉にはここから生まれた対日不信が付きまとった。

むろん、それまでに構造協議のような日米間の交渉の場がなかったわけではない。一九八五年のMOSS協議（Market Oriented Sector Selective 市場重視型個別協議）以来、円ドル委員会、構造対話など一連の通商貿易交渉がそれである。しかし米国の貿易赤字は一向に解消しなかった。日本側は、日米貿易不均衡の主因は日本の市場の閉鎖性にあるのではなく、前述のような米政府のマクロ経済政策や、目先の利益を重視する米企業の体質にあるとの立場を繰り返し強調した。米側はこれに対し、仮に対日赤字が存在しなくても日本の市場の閉鎖性は問題である、と反論した。

一九八八年には新貿易法、通称「スーパー三〇一条」（不公正貿易国・慣行の特定と交渉、制裁）の日本への適用が検討され、韓国、ブラジルとともに日本がターゲットとして想定された。ジョージ・W・H・ブッシュ大統領は、フランスのアルシュ・サミットで、日米構造協議を行うことを宇野宗佑首相に提案した。宇野首相をはじめ日本側は、制裁措置を前提としたスーパー三〇一条に基づく交渉には応じられないとし、三〇一条を脇においての協議ならば受け入れられるとした。その上で協議のスタートには合意したのである。

しかし二つを切り離すとした米国側の主張にもかかわらず、実質的には構造協議はスーパー三〇一条の脅しを使いながら行われた。また建前では双方向と言いながら日本側の対応を一方的に求めるものとなった。

実は、構造協議で扱われた問題のほとんどは、一九八〇年代を通して日米間で話し合われてきた論点であった。しかし、それまでの「構造対話」は単なる意見交換に終わり、目に見える具体的成果を生まなかった。この反省を基に、対話ではなく「アクション・オリエンテッド」な実行を伴うものでなくてはならない、と米側は主張した。

†交渉の経緯

一九八九年初め、チャールズ・ダラーラ財務省次官補が大蔵省に正式に日米構造協議を提案した。ブッシュ政権誕生の直後であった。宇野首相の退陣のあと海部俊樹首相が政権を引き継いでおり、ブッシュ大統領との最初の首脳会談でも構造協議問題が取り上げられた。そして個別品目として、スーパーコンピュータ、衛星・電気通信、林産物を協議の対象とすることとした。海部はこの問題を重要視し、官邸を通じて各省幹部に強い指示を出した。

日本側でこの交渉の担当になったのは、外務省の経済担当審議官、大蔵省の財務官、通産省の通産審議官の三人であった。しかし扱っている問題があまりにも広範なため、調整役として官邸が乗り出さざるを得なくなった。米側は通商代表部（USTR）、商務省、財政省が担当した。

石原信雄《いしはらのぶお》官房副長官の言によれば、当初日本側は米側の要求の強さをなかなか理解できず、適当にあしらっておけばよい、という態度であった。しかし徐々に真剣にならざるを得なくなった。そして七月に日米で非公式会談がもたれ、翌年四月に中間報告を出すことで合意をみた。また日本側の問題点は、「貯蓄・投資パターン、土地利用、流通、価格メカニズム、系列、排他的商慣行」とされた。アメリカ側は、これらの問題の解決は日本の消費者にとっても利益をもたらすものであると主張した。

実は、日本では既に中曽根康弘内閣の時期に巨大な貿易黒字に直面していた。輸出が拡大するのに、輸入は減少したためであった。この問題の処理のため、首相の諮問機関「国際協調のための経済構造調整研究会」（座長・前川春雄前日銀総裁）を設置した。同研究会は一九八六年四月に報告書、通称「前川リポート」を提言した。

この中では、一言でいえば、日本経済を外需依存型構造から内需依存型に転換することが提案された。政府はこれを受けて政府・与党経済構造調整推進本部を設置し、具体化に乗り出した。これと並行して前川委員会は、さらに検討を加え「構造調整の指針」（「新・前川リポート」）を提言した。ここでは、消費の拡大、労働時間の短縮などをはじめとして詳しい提言が行われた。これを実行しておれば貿易不均衡は解消していたはずである、という米側の主張には説得力があった。

†アメリカからの六つの要求

構造協議は、一九八九年九月には東京で第一回協議が行われ、一一月にはワシントンで第二回協議が行われた。米側が日本に対し提起した問題は、①過剰貯蓄・過小投資による不均衡を是正するため、公共投資、特に社会資本への公共投資を拡大する、②土地税制を改正し、利用規則を緩和して異常な土地の高価格を引き下げる、③輸入手続きの簡素化、大店法《だいてんほう》の撤廃などによって流通機構を改革し、外国製品の輸入を容易にする、④公共事業の入札制度など排他的取引慣行を改革する、⑤系列という排他的取引関係を改善する、⑥価格メカニズムが円滑に機能するようにする、の六項目であった。

なお、③に含まれる大店法（大規模小売店舗における小売業の事業活動の調整に関する法律）が日本で一般に知られるようになったのは、このアメリカの要求によってである。

日本側も米国に対し、貯蓄不足、企業の長期的戦略の欠如、労働者の教育・訓練の必要など七項目を指摘した。

米側の対日要求に限ってみても、これらの論点は日本の経済構造そのもの、そしてそれを支える行政、政治のあり方を対象とするものであった。換言すれば外国との通商と直接関係がないと思われるような論点までも含むものであった。しかも商習慣など多くの論点は政府の規制によって生まれたものではなく、そもそも政府の管轄の及ばない問題で、短期的に実現を約束することは極めて困難な問題ばかりであり、交渉が難航したのは当然であった。

日本側の消極的な姿勢にいらだった米政府は第三回会談では、大店法の撤廃、独禁法の強化、公共事業費のGNP比一〇%増額に絞って要求した。この間、海部首相は「構造協議での譲歩は日本の消費者のためにもなるのだから」と、何度も踏み込んだ対応を求めたが、党内基盤の弱い海部には党側も協力しようとせず、各省も省益と業界の利益とを守る姿勢を崩さなかった。

†首脳会談による意見調整

こうして会談結果は米側を満足させるにはほど遠いものとなった。そこで、米側は「期待をはるかに下回る進展しかなかった。日本側には柔軟性がない」と批判した。議会の強い要求を受け、米の交渉担当者は二四〇以上の詳細な要求事項を羅列したリストを作成した。一九九〇年一月末、スイスのベルンで非公式会談が開かれ、アメリカはこのリストを日本側に示した。日本側はこの提案の受け取りを拒否し、この高圧的提案は「第二の占領政策」「内政干渉」だと批判した。

一九九〇年二月、一連の協議で進展がなかったため、ブッシュ大統領は海部首相に直接電話をかけ、三月にアメリカのパームスプリングスで首脳会談を行い、緊急に意見調整することを提案した。海部首相はこれを受け入れ、急遽首脳会談が行われた。七月のヒューストン・サミットが決着の目標となった。そして海部は構造協議の妥結を最重要課題とし、石原信雄官房副長官を調停役に指名して急ピッチで調整作業を進めさせた。

四月には、アメリカ国務省で第四回目の日米構造協議が行われた。ここでは大店法が最大の争点になった。同法は自由市場に最も明白に反する法律であり、日本市場の閉鎖性を表現する格好のシンボルになっていたからである。米国大衆にとって馴染み深い玩具店「トイザらス」の進出が大店法によって阻まれているという事態にはニュース性もあった。

中間報告がまとめられたが、その際大店法の見直しが約束された。同時に一〇年間の支出総額を明示した「画期的な」公共投資計画が提示された。この中間報告についてブッシュは海部に感謝の意を表明し、アメリカ議会やマスコミもこれを歓迎し「構造協議成功」とのニュースが流れた。

†最終報告

一九九〇年六月、最終報告に向けて協議が再開された。この時期には日本の公共投資の総額を増額することが主な議題となった。そして六月末、海部首相と橋本龍太郎蔵相との間で政治的決着が図られ、向こう一〇年間に総額四三〇兆円の公共事業を行うとした。この結果にブッシュ大統領も満足の意を表明し、米議会の攻撃をかわすこともできた。そして、その後の貿易問題はガット（GATT）のウルグアイ・ラウンドの交渉につながっていった。

最終段階で、最終報告についてのフォローアップをどうするか、という問題が浮上し、フォローアップ機関が設立された。

†ジャパンパッシングへ

一九九〇年代に入ると、日本経済はバブル崩壊のあと「失われた一〇年」と呼ばれる不況に陥り、逆に米国経済が日本経済よりも良好なパフォーマンスを示すようになった。そのため、日本に対する批判的態度は突然に影を潜めた。日本市場の閉鎖性を批判してきた「修正主義者」たちは論点を失い、中国研究を始めないと稼げない事態となった。かくてワシントンからは日本問題は消えていった。

鳴り物入りで大店法が改正されたが、これを機に日本市場に参入したスーパーマーケットは、トイザらスに続いては、コストコ（会員制倉庫型卸売・小売）チェーンと、運動具の大型チェーン店、スポーツオーソリティしかなかった。それどころか日本が無視される「ジャパンパッシング」と言われるに至った。ちなみに、トイザらスは一九九三年以降、一九九四年までに日本全国に一九店舗を出店し、玩具市場に低価格化をもたらした。

2　日本異質論と日本の流通業

†日本異質論

ここでは日米構造協議のアメリカ側担当者の主張の背後にあった、「日本異質論」「修正主義」という二つの議論を検討したい。

日本異質論は、一九八七年冬季号の『フォーリン・アフェアーズ』誌に掲載されたカレン・ヴァン・ウォルフレンによる「日本問題」という論文（のち『日本／権力構造の謎』早川書房、一九九四年に収録）、一九八八年公刊のクライド・プレストウィッツによる『日米逆転』（ダイヤモンド社）、『アトランティック・マンスリー』誌一九八九年五月号掲載のジェームズ・ファローズによる「日本封じ込め」などがその代表であった。

これらの論者は、それまでの日本についての解釈を修正するという意味で、「修正主義者 revisionists」と呼ばれた。論点にはそれぞれ違いがあるが、日本が欧米諸国とは異質な政治・経済体制をもち、外国に対して閉鎖的な国であり、民主主義政治、自由主義市場経済とは異なる原理によって動いていることを指摘、批判する点で共通していた。日本の政治経済のユニークさは、従来は日本の経済成長を生み出してきたものとして、驚きとともに賞賛の的であったものが、今や諸外国にとって深刻な脅威となっているとの否定的・批判的認識を表現していた。こうした議論は、米国ではジャーナリストばかりでなく、ビジネスマン、さらには一般大衆にも広く受け入れられていた。かくて一九八〇年代末には、ソ連に代わって日本こそがアメリカの脅威であるとの意見が、米国の世論調査に現れるに至った。

†大店法の特殊性

構造協議で論点となった大店法は、スーパーマーケットなど大型店の出店を規制する法律であるが、その手続きが不透明であり、出店まで七〜八年、場合によっては一〇年以上もかかるという、アメリカから見れば極めて非常識、かつアンフェアな法律であった。大店法は、日本問題の象徴とされた。

規制緩和を推進しようとした第二臨調やその後続機関たる新行革審《しんぎょうかくしん》（臨時行政改革推進審議会）でも議論の俎上に上がりながら、中小小売業者や通産省の反対で、大店法の改廃を明示的に答申に書き込むことができなかった。一九八二年のネオリベラル改革の最盛期に、規制緩和の主張に逆行する規制強化の措置がとられ、通産省の行政指導により大型店・スーパー出店の届け出はほとんど受理されなくなってしまっていた。

大店法による大規模スーパーの出店規制の導入とその強化は、地元の小売商業界が地方議会や地元代議士に陳情を繰り返した結果であった。一九七三年の大店法の成立、七九年の規制強化の改正、八二年に始まる通産省による出店抑制の行政指導は、自民党商工部会を介した中小小売店による圧力活動の結果であった。また、地方自治体によっては、地方議会への中小小売商の影響力によって、この規制をさらに強化する独自規制が設けられた。さらに、実際の調整を委ねられた地元の商工会議所内の商業活動調整協議会（商調協《しょうちょうきょう》）という機関では、届け出までの事前協議において、地元との協議がなければ届出を許さないという慣行を利用して中小小売商が拒否権を行使し、大型店の進出を遅延させたり、店舗の規模を大幅に縮小させてきた。

このように大店法は、非効率な経済主体が政治の力を借りて現状維持をはかるシステムが日本政治において支配的な地位を占めていることを象徴するものであった。しかもいわゆる日本株式会社論者（および一部の修正主義者）が想定するようなエリートの利益ではなく、経済的弱者保護のシステムとして機能してきた。地域民主主義の一つの表現であった。

そして注目すべきは、監督官庁としての通産省は、この争点については常に業界の利益を守る保護主義的機関として振る舞ったのではなく、しばしば流通業界の近代化を求め、大型店規制の強化を控えたということである。特に一九七〇年代半ば以降には、この通産省の消極姿勢が反映して、中小小売商業界の要求を無視して、規制の緩和が図られ大型店進出のラッシュが見られた。これが覆されたのは業界の圧力を受けた自民党族議員が強い影響力を行使した場合に限られた。

この事態が示すように、大型店による規制の背後には、一九六〇年代から七〇年代にかけての大型スーパーの「集中豪雨的」進出という事態があり、スーパー間の将来のシェアをめぐる「過当競争」があったことが見逃せない。大店法成立後も規制強化が繰り返されたのは、規制にもかかわらず一九七〇年代を通じてスーパーの出店が、地域紛争を繰り返しながら増加していたからであった。言い換えると、活発な市場競争の存在が認められる。一九八〇年代に出店件数が低下したのは、八二年における規制強化の効果というよりも、世界的な不況で消費が低迷した結果であった。

実は大型スーパーは、元来は中小零細企業から急成長した企業で、百貨店をはじめとする既成の大規模小売店との競争に打ち勝って登場した。流通業界に関しても、日本経済は単純な閉鎖的モデル、政治による既得権擁護のシステムという解釈で理解できるものではない。

†政治経済体制論の再検討

振り返って考えてみると、一九八〇年代初頭は日本の経済学者によって通産省による産業政策についての本格的、体系的な研究が開始され、それをもとに産業政策についての再検討が行われた時期であった。

この時期の一連の研究では、高度成長の助走期とも言うべき一九五〇年代については、鉄鋼などの基幹産業の復興に通産省、大蔵省の助成措置が一定の効果をもったことは認められるとしても、カメラ、トランジスタ、オートバイなどの輸出産業は、政府からの何の援助も受けず、自力で発展し輸出に貢献したことが指摘された。また高度経済成長が軌道に乗った一九六〇年代以降は、道路や工業用地などの産業のインフラ整備を別とすれば、通産省の産業合理化政策の中心は、フランスの政策に範をとって、資本自由化に備えて企業規模の拡大のために合併を促進したり、新規参入を抑制しようとするものであった。

ところが、設備投資や新規参入を自由競争原理に基づいて主張する業界・財界の反対で、立案過程あるいは立法過程で挫折したり、導入されても企業（特に新規参入を望んだ後発企業や業界のアウトサイダー、例えば鉄鋼で言えば住友金属）の側がそれを無視したため、期待された効果を挙げることはできなかった。

また、過剰生産による不況を怖れた通産省が、生産量の調整によって「過当競争」を抑制しようとした試みも、各企業のシェア拡大に向けた競争意欲、投資意欲が余りに旺盛で、かつ政府の指導に従うには余りに企業が自律的であり過ぎたために失敗した。自由な市場をコントロールすることに通産省は失敗したというのが、その結論である。

政府の産業政策が失敗したからこそ、自由な市場のメカニズムが機能したのであり、それゆえに日本経済は予想を上回る高度成長を遂げたというのが、一九八〇年代の経済学者の新たなパラダイムとなった。一九八〇年代のネオリベラル的風潮がそうした解釈に反映していた。チャルマーズ・ジョンソンなどの通産省の産業政策を高く評価する（重商主義的）解釈とは、真っ向から対立する解釈が登場し、主流を占めたのであった。

†自営業者の特性

さらにそれまで伝統的セクターとされてきた中小企業の活力を再評価する議論が付け加わった。イタリア研究を行ったセーブルやピオリの分析と並行して、日本でも柔軟な専門化（flexible specialization）の担い手として、中小企業の効率性が見直された。大企業と違って市場の風に直接さらされるだけに市場からのキューに敏感に反応し、需要の変化に対応して、終身雇用などの硬直的な労働慣行に縛られず、労働力を柔軟に使用できるという利点が強調された。

また、日本の中小企業労働者には独立して自営業を起業しようとする意欲が強く、政府による融資などでその機会も開かれていた。その結果、零細中小企業は倒産も多い代わりに新規参入も多く、その数がほとんど減少してこなかった。中小企業の数が総体としてあまり変化しなかったのは、その停滞性の表現ではなく活発な起業意欲の表れであるというわけである。そして自営業者や自営業主に転出したいと望んでいる層は、反組合、反福祉国家という「日本型」ネオリベラルの政治文化を濃厚に示し、日本における「小さな政府」の担い手となってきた。なお日本の自営業者は一匹狼的で、この「個人主義的」政治文化のゆえに、例えば商店街が一体となって近代化に取り組むことが難しい。大規模店舗の進出に反対することには結束できても、より積極的な共同行動は困難なのである。農業において企業規模が拡大しないのもそれが重要な一因である。

日本の政治システムはこうした経済システムを支えるとともに、この経済システムに支えられ、市場重視型の「小さな政府」を維持してきた。この日本型「小さな政府」は、以下のような指標からも実証できる。①高度成長によって財政に余裕ができると繰り返し減税が実施された結果、他の先進諸国と較べてGNP・GDPに占める政府支出の割合が戦後一貫して低く、二〇%程度に抑えられたこと、②国有企業が少ないこと、③土地利用について規制が極めて弱く、都市計画が有名無実化していること、④高貯蓄や持ち家志向、進学熱、受験競争の過熱など政府に頼らない自助努力の政治文化が存在していること、がそれである。

しかし、まさにこうした過少消費（過剰貯蓄）、働き過ぎを生むネオリベラル的労働倫理こそが、日米摩擦の原因となっていた。消費を抑制して資本を蓄積させるのは、資本主義原理のストレートな表現である。それが自由競争の国アメリカから、競争原理に反すると批判されたのは皮肉という他ない。

†日本市場の非市場的メカニズム

ところがその後、日本の市場メカニズムに潜む、非市場的メカニズムの存在が日本の経済学において認識されるようになった。終身雇用・年功賃金・企業別組合などの日本的労使関係、株主を軽視し従業員を重視する日本的経営、メインバンクを中心とした銀行系列や株式の持ち合い、下請けなどの企業系列といった日本独自の経済慣行がその内容である。これらの制度は短期的な利益よりも、中期的な契約関係を重視したもので、市場と組織の相互浸透、あるいは両者の中間形態とみられるものである。こうした慣行・形態は、一九二〇年代の経済危機に対応するために登場してきたもので、元来は自由な市場の不安定性を回避する制度的仕組みであるが、それが戦後において急速な経済成長を可能としたのである。

これらの制度は作為的なものではあるが、政府によって作られたものではない。換言すれば、これらの制度は政府とは直接の関連はもたず、経済界の必要から、いわば自生的に生まれたもの(ハイエクの言葉を借りれば自生的秩序 spontaneous order)で、かつ市場に埋め込まれた安定装置・制度的保障といってよいものであった。しかもこうした中間組織は、一定の安定性を保障するが、市場競争を完全にコントロールしたり、競争を抑制するわけではない。それどころか、一定の安定性を保障するがゆえに、一層激しい競争を可能にする。企業間の激烈な競争の存在は、こうした一定の安全装置を背景に生まれている。

同様に、戦中に作られた統制組織を引き継いだ戦後の経済官庁による統制は、通産省による設備投資の抑制に見られるように、引き続く好況下にあっては確かに挫折はしたが、不況時には、つまりいざという時には安全装置が働くという安心感を企業に与え、業界の過当競争をかえって促進する効果をもった。自動車の喩えを使えば、よく効くブレーキをもつことでアクセルを目一杯踏み込むことができた。また、政府による金融の統制も同様の効果をもった。日米構造協議で問題となった日本的制度とは、主としてこうしたメカニズムであった。アメリカ側はこれらの制度が外国企業の参入を拒む効果をもつものと主張し、その改革を迫ったのである。

これらの制度が日本に特有なものであるかどうかについては、検証が必要である。しかし、市場は様々な構造をもちうるというのが政治学における「制度論」の市場理解である。そうした観点から言えば、日本の市場が特に異質であったとは言いがたい。それどころか組織と市場が画然と区別され、長期的取引慣行を欠いたスポット取引を原則とするようなアメリカ型の市場こそが、先進諸国ではむしろ例外的である。もっともアメリカにおいても、先任権制度といった労働慣行や、メーカーによる販売店の系列化といった安定化装置が、日本ほどは制度化されていないが存在している。

にもかかわらず、日本異質論が当時説得力をもったのは、前述のようにプラザ合意によるドル安の下でアメリカの対EU赤字が急激に解消したのに対し、対日赤字は解消しなかったという事情によってであった。さらに、前川リポートに見られるように、高度成長を支えてきたこうした日本的市場制度が、近年逆機能を発揮しつつあり、それを改革する必要が痛感され、批判的認識が生まれ始めていたという事情がある。これらの日本の改革論者は、アメリカ型市場システムを模範として、これに学ぼうとする姿勢を取った。

†流通と大店法再考

日本の流通に見られる様々な商習慣も、以上の文脈で見ると伝統的で不合理なものであるどころか、一定の経済的合理性をもったものであり、市場競争原理と必ずしも相反するものではないことがわかる。

流通の専門家は、日本の流通が地元業界に保護主義的、閉鎖的体質があり、政治がそれを補強していることは否定できないが、流通業界全体として見ると、戦後の急激な社会変化、消費パターンの変化に対応して自己革新を強いられてきており、それに伴うかなり競争的な側面をもつことを指摘している。

制度革新の面だけを見ても、スーパーマーケット、専門店、ディスカウント店、DIY(Do It Yourself)店、フランチャイズチェーン、ロードサイド店、通信販売店、コンビニエンスストア、巨大レジャーセンター、インターネット販売など、あるときは市場の間隙を埋める形で、あるときは既存の業態との激烈な競争を経て、次々に新しい業態を生み出してきた。文字通り「流通革命」と呼ばれる変革を繰り返してきたのである。その過程では参入も退出も活発であった。他の先進諸国と較べて停滞的であるとはとうてい言えない。

繰り返しになるが、保護主義的、制限主義的な仕組みは、こうした過当競争を一定のレベルに抑制しようとする試みであり、その背後の過当競争的体質は完全に抑制することはできなかった。

もっとも、低い価格よりも時間の節約を優先して近所で買い物を済ませる消費者による合理的選択が、結果として、非効率な零細小売業を温存させてきた面もある。それが内外価格差の解消を阻むと同時に、零細小売店の存続を可能にすることで店主とその従業員を解雇から守り、雇用調整の機能を果たして、日本の失業率を低位に保ってきた。

あるいはさらにその背後には、女性の社会進出が阻まれて、専業主婦にとっては買い物がほとんど唯一の気晴らしとなっているために「まとめ買い」をしない習慣があることや、貧弱な住宅事情などで「まとめ買い」ができない事情があることなど、文化的、社会的要因が存在する。生産過程以上に流通過程は経済的合理性以外の、その社会に特有の要因によって左右されている。

ヨーロッパにおいても類似の事情がある。例えば、大規模店の参入を法律で規制することは、フランス、イタリアなど大陸ヨーロッパで行われている。ドイツでは、都市計画との関連で、大規模店舗の出店には厳しい規制が存在する。

†むすび

要約すれば、日本の流通システムは、日本の消費者の厳しい要求に応えるために、次々に自己革新を遂げつつ独特の制度を築いてきた。高価格であっても質の高いサービスを供給する日本の流通は、その零細性を含めて他の先進国に先立って「柔軟な専門化」を達成しているとも言いうる。この観点から言えば、低価格を売り物にした大規模店舗はむしろ時代遅れになりつつある。通産省には、計画重視の時代以来、規模の大型化が近代化であるとの「偏見」が強かったが、それも時代遅れの考えである。

外国のメーカーにとって日本の市場への参入が難しいのは、そうした消費者のニーズに応えて作られた流通ネットワークを一朝一夕には作りにくいという点にある。ネットワークには、返品制、リベート制、メーカーからの販売員の派遣といった商習慣が絡んでいる。

例えばセメントのような、品質やブランドの違いがほとんど問題にならない製品にあっては、日本でも長期的契約関係は形成されず、円高となった一九八五年以降、台湾、韓国からの輸入が急増している。これに対し、アフターサービスなど付帯サービスが大きな意味をもつ自動車のような製品にあっては、外国企業の参入は失敗を繰り返してきた。

ただし、メルセデス・ベンツなどの会社は一九八五年以後、長期的な先行投資によってディーラーを育成し、日本市場への参入に成功を収めるようになった。参入は困難ではあるが、不可能ではないのである。

第三章

平成の自民党Ⅱ——第一次安倍晋三内閣から麻生太郎内閣まで

1　第一次安倍晋三内閣

†派閥均衡人事を排し官邸主導へ

小泉の後を継いだ安倍晋三は、小泉改革の継承を旗印に高い支持率を誇った。

安倍は小泉同様に首相公選型総裁選挙を実現し、その上に乗って、派閥均衡人事の排除を断行した。この点は小泉と同様であるが、イデオロギー・理念と専門性とを重視した点で違いがあった。安倍第一次改造内閣で、町村信孝《まちむらのぶたか》（元通産官僚）を外相に、高村正彦《こうむらまさひこ》を防衛相に任命したのはその例であろう。

また、毎週木曜日に首相官邸で五人の首相補佐官が率直に意見交換する場が設けられた。官邸に信頼できる仲間（思想的に自分に近い政治家）を集めて、官邸主導を目指したのである。国家安全保障担当には小池百合子、経済財政担当には根本匠《ねもとたくみ》、教育再生担当には参議院議員の山谷《やまたに》えり子、広報担当には世耕弘成《せこうひろしげ》、拉致問題担当には中山恭子（中山だけは当時国会議員ではなかった）が任命された。五人の首相補佐官のうち女性三人の起用は画期的であった。

安倍は、官邸をホワイトハウス型にするとして、側近を身内で固めつつ彼らを競わせた。忠誠心争いをけしかけたわけである。

安倍はケネディ大統領を尊敬しており、それに倣おうとした（清水二〇〇九）。ただ、ホワイトハウスが民間人、特に大学教授をリクルートしたのに対し、安倍官邸は基本的に国会議員から構成されていた。中小企業金融公庫副理事長出身（もっとも以前は大蔵官僚であった）の的場順三《まとばじゅんぞう》の官房副長官への起用など若干の例外はあった。

これら首相補佐官は大臣と仕事が重なっており、しばしば摩擦を起こした。例えば教育担当の山谷えり子は文部科学省の仕事を取り上げ「教育再生会議」を立ち上げた。これを裏で支えたのは保守派で安倍の盟友たる下村博文《しもむらはくぶん》官房副長官であった。当然ながら文科大臣の伊吹文明《いぶきぶんめい》と諍いを起こし、「二重行政」と呼ばれた。

また安倍の側近の一人、塩崎恭久《しおざきやすひさ》はリベラルな思想の持ち主で奇妙な取り合わせであった。

安倍は本来、厚生労働省とのつながりが深い社労族であり、当時は「経済に弱い」という評価が一般的であった。ところが、安倍は総裁選出馬発表直後の記者会見で、最優先課題として経済成長戦略を挙げた。社会保障政策かタカ派的政策を挙げるものと思っていた記者たちは驚いた（大下二〇〇七）。

†教育基本法改正と教育再生会議

安倍政権は、日教組や社民党による強い反対を押し切って教育基本法改正を二〇〇六年一二月に成立させた。この改正は、教育に不案内な伊吹文明が、意外にも国会で立て板に水で推進した。そして山谷えり子補佐官が教育再生会議を設置し安倍自ら全会議に出席した。

山谷えり子は元産経新聞記者で、民主党の比例議員だったが、のちに保守党に参加した。カトリック信者であったにもかかわらず靖国参拝を主張し、また夫婦別姓推進論者だったがいつのまにか反対論者に変わり、保守論壇の有名人となった（上杉二〇一一）。

実は、安倍政権下で彼女が担当したはずの教育再生は、首相に就任する前の安倍が下村博文とともに構想を練ったものだった。下村は、安倍政権ができるや否や山谷に有識者による「教育再生会議」を発足させ、さらに自民党内に「教育再生に関する特命委員会」を設置した。この布陣で教育基本法の改正が実現した。

安倍の手法には前例がある。橋本龍太郎内閣の時期、一九九八年度予算の編成を、政務調査会で利害調整を下から積み上げる自民党の事前審査システムを排し、官邸主導のトップダウンで一気呵成《いっきかせい》に決めたのがそれである。また橋本が（三塚博《みつづかひろし》蔵相下の）大蔵省や与党首脳の頭越しに、九八年度に向けて二兆円の特別減税を決めたのも同様であった。

ただ、安倍の官邸主導がうまくいったとは言いがたい。政調会などとの調整が難航したからであった。

とはいえ、安倍政権は、当初の三カ月の間に、善し悪しは別として、かなりの成果を挙げている。教育基本法改正の他、日中・日韓首脳会談、防衛庁の省昇格、さらには道路族の反対を排して行った道路特定財源の一部一般財源化、などである。

小泉内閣の下で十分に成果を挙げられなかった公務員制度改革に、安倍が本格的に取り組んだことも特筆すべきであろう。この改革は単に天下りの規制ばかりでなく、自治労（全日本自治団体労働組合）などに対する挑戦であり、民主党の基盤の一つを突き崩す狙いも込められていた。

同改革は、福田政権に引き継がれ、最終的には民主党の賛成も得て、二〇〇七〜〇八年に国家公務員制度改革基本法として実を結んだ。

†郵政民営化造反組の復党

二〇〇六年、かつて小泉の郵政民営化に反対して公認を取り消され刺客を送られた、いわゆる「造反組《ぞうはんぐみ》」の復党問題が起こった。彼らの復党には、刺客で当選した小泉チルドレンらが猛反対した。

しかしなぜか造反組には、平沼赳夫《ひらぬまたけお》、古屋圭司《ふるやけいじ》、城内実《きうちみのる》など、安倍と政治理念を共有するものが多かった。彼らは強固な個人後援会組織で何とか勝ち抜いてきていたのである。要するに選挙に強いのであり、翌年の参議院議員選挙には彼らの助力は不可欠であった。

安倍はそもそも刺客擁立には批判的であった。その安倍が首相になったことで一二月には（平沼赳夫を除く）一一名の復党が決まった。参院選を前に参院のドン、青木幹雄《あおきみきお》も賛成した。郵政改革で自民党を支持してきた（大都市の上層中間層を中核とする）有権者はこれに反発し、この問題が浮上すると、予想されたことではあるが、内閣支持率が低下した。政治的にはマイナスの行為を、安倍はあえて行ったのである。

†安全保障と憲法改正

そして安倍は、首相就任後、直ちに中国、韓国を訪問した。安倍の外交好きの表れでもあるが（安倍は北朝鮮拉致問題に最も熱心に取り組んだ政治家であった）、対中韓関係を悪化させた小泉路線を是正し、「小泉亜流」と呼ばれた安倍にとって、小泉離れを内外に演出するためでもあった。中国とは訪中の機会に「日中戦略的互恵《ごけい》関係」を確立した。

小泉の靖国への再々の参拝が中国側の厳しい態度をもたらしており、安倍訪中のための交渉は難航したが、安倍は池田大作創価学会名誉会長の助力を得て打開に成功した。池田は中国側に安倍が参拝することはないと約束して、安倍訪中を実現した（阿比留二〇一二）。

もっともこの第一次安倍内閣で安倍は、靖国神社に「行くか行かないかは言わない」という態度をとり、中国との関係を改善してから行くことを密かに決めていた。結局その前に病気で退陣し、靖国参拝はできなかった。退陣後にこれを大きく悔やんだと言われる。

また公明党の反対を抑えて、防衛庁の省への昇格も実現した。この昇格は既に小泉が準備していたものであった。

防衛庁は内閣府の外局であるために、予算や法案の提出について内閣府の長である首相によって閣議にかけなければならず、煩雑な手続きが必要であった。その問題が省昇格によって、なくなったのである。むろん対内的、対外的に「格」が上がるという要素も大きい。

安全保障に関して、安倍は小泉内閣の官房長官を務めていた二〇〇六年七月の北朝鮮のミサイル発射によって、国家安全保障会議（NSC）構想を考えるようになった。

安倍は首相になると「国家安全保障担当総理大臣補佐官」を置き、小池百合子を起用した。そして日本版NSC構想を実現すべく模索した。

しかし、二〇〇七年八月に安倍が健康を損なって突然退陣し、福田康夫が首相になると、日本NSC構想は急速に下火となった。国家安全保障担当総理大臣補佐官も置かれなくなった。町田信孝官房長官は、同年一二月の記者会見で、NSC設置法案を審議することはできないと述べた。翌年一月に同法案は、審議未了で廃案となった。

振り返って考えると、小泉内閣の時代には、官房長官、外務相、防衛相の三閣僚による協議が機能していた（千々和二〇一五）。特にNSCは必要なかったのである。

また安倍は、将来の憲法改正のために国民投票法の成立を試みた（実際の成立は第二次安倍内閣を待たねばならなかった）。ところが、こうしたタカ派的な手法が国民の支持を失う原因となり、支持率の急落に繋がった。

†民主党に歴史的惨敗

二〇〇五年の郵政選挙で惨敗した民主党は、小沢一郎を党首に二〇〇七年夏の参院選に臨んだ。小沢は選挙戦を農村部の一人区に集中したが、その読みが当たって一人区で圧勝した。「小沢ガールズ」と呼ばれる女性候補を多数擁立させたことも話題を呼んだ。

自民党は若者票を狙って大都市での集票に力を入れるという小泉路線を継承したが、その再現は不可能であった。この選挙では後期高齢者医療制度による負担増が自民党批判に直結した。また、二〇〇七年二月には年金記録不備問題がスキャンダルとして浮上し、民主党の長妻昭《ながつまあきら》が執拗に政府の責任を追及していた。政府の対応が後手後手に回り、自民党内閣への不信を煽ったことも大きい。

この二〇〇七年参院選における自民党大敗で、安倍の辞任を求める声があがったが、安倍は踏ん張った。しかし、APECへの出席などで体調不良に悩まされ、同年九月、結局辞任に追い込まれた。以後一年ごとの首相交代へと向かう。

†第一次安倍政権とは何だったのか

小泉内閣の構造改革は国民の喝采を受けたものの、その負の影響は大きかった。非正規雇用の拡大と格差社会の到来である。

それを解決すべく登場したのが安倍晋三総裁であった。安倍は『美しい国へ』(文春新書、二〇〇六年) を執筆し、政権構想として、新憲法の制定や教育改革、軍事面での人的貢献などを打ち出した。

総裁選においては、安倍は表向きは小泉路線の継承を表明しながらも、格差の是正(特に都市と農村の格差の是正)、再チャレンジ支援とともに、新憲法制定、教育の抜本改革、集団的自衛権の公認、中国、韓国との関係改善(小泉の負の遺産の解消)、靖国参拝の断念を同時に掲げた。こうしたスローガンによって、発足当時の安倍内閣は、共同通信の世論調査で六五%という高支持率を獲得した。

集団的自衛権については、安倍が慎重に連立を模索してきた公明党から強い反発を受けた。それを覚悟で自分の信念を貫いた。

二〇〇六年総裁選の第一声を安倍は広島で行った。タカ派のイメージが強い安倍が被爆地で第一声をあげたのは、象徴的事件である。

七〇歳の福田康夫は、二〇〇六年の総裁選では麻生太郎との争いを避け、「自分は総裁になる気はない」とうそぶいていた。しかし安倍就任後には、安倍の「右寄りの政策」に眉をひそめるようになった。そして安倍のタカ派的な外交政策を懸念して、安倍退陣後の総裁選に立候補した。

2 福田康夫内閣

†ねじれ国会での船出

福田内閣が安倍の後を継いだ。総裁選では消費税引き上げが大きな争点となった。福田を応援したのは小泉チルドレンたちであった。彼らは、郵政造反組の復党に熱心な(ように見えた)麻生太郎に対する反感が強かったからである。

チルドレンから再登板を期待された小泉も、それを拒否しつつ福田を応援していた。福田の背後では元首相の(福田の後見役を自認する)森喜朗が隠然たる影響力をもっていた。森は小泉後に向けて、安倍と福田との一本化をはかったことがある(安倍のもう一人の後見役は牛尾治朗《うしおじろう》ウシオ電機会長で、長女幸子が安倍の兄寛信《ひろのぶ》の妻であった)。

福田内閣は衆参ねじれの状態で厳しい船出となった。閣僚の入れ替えは少なく、安倍内閣の多数を引き継いだ。

この機に乗じて、当時民主党代表を務めていた小沢は「大連立構想」を模索した。自民・民主の連立によって民主党が内閣の一角を占めようというのである。ところがこの構想は民主党内部の反対であっけなく潰れてしまった。その後小沢は一転して福田内閣との対決路線をとった。国会同意人事で拒否権を発動したのがその最初である。米軍艦への給油を継続させるための新テロ特措法案も参院で多数を占める民主党によって拗《ねじ》れ続けた。小沢によって福田内閣は苦戦を強いられた。

†機能不全化したトップダウン

安倍は「誰とも等距離」をとり、前述のように側近を分割統治したが、福田も同様の手法をとった。

安倍と福田はともに、「前さばきや調整が不十分なまま、トップダウンで(一人で)決断を下す」(清水二〇〇九)。

福田の場合、その政権末期に、毒入り中国製ギョーザ事件をきっかけとして、官邸主導で「消費者行政推進会議」を設置して消費者庁の創設をはかった。この会議がなかなか案を出さないので、福田自らが大田弘子のサポートを得て「首相方針」を施政方針演説で提案した。しかし、衆参ねじれの情勢では首相のリーダーシップは著しく後退しており、焦れば焦るほど事態は難航した。結局消費者庁の設立は、福田内閣では画餅《がべい》に終わった。

福田の関心の一つは社会保障制度の改革であった。二〇〇八年一月に社会保障国民会議を発足させ、同時に社会保障担当の内閣補佐官を新設した。

小泉改革の中枢にいた竹中平蔵の補佐官であった財務官僚、高橋洋一が官邸で内閣参事官として改革を担った（長谷川二〇一〇）。高橋は安倍政権に「政策メモ」を用意して重要政策課題を網羅しており、それが福田政権にも引き継がれた。福田は低姿勢で臨み、経済成長戦略、インフレ目標、格差是正、消費税増税、道州制、男女共同参画などに取り組んだ。

†民主党との関係

福田は総裁選で「自立と共生」という民主党のお株を奪ったようなスローガンを、そうとは知らずに掲げた。総裁選のスローガン作りに準備不足であったことは否めない。

また福田は民主党との「話し合い路線」を強調した。人事は派閥内閣の復活であった。さらに前述のように、小沢民主党との大連立も福田の念頭にあったと思われる。そのため、福田は民主党の政策を飲みやすいように、独自の政策を掲げるのを避けてきた。

大連立は読売新聞の渡邉恒雄《わたなべつねお》などを仲介に秘密裏に交渉が進んだが、小沢としては、政権に参与することで民主党に統治の経験を積ませることに狙いがあった。

自民党が二〇〇七年七月の参院選で負けて、福田にとって大連立は衆参ねじれの構造を解決する手段であった。特に近々の課題としては新テロ特措法案の成立があった。その線に沿って党首会談が行われたが、民主党役員会であっさり否決されたことは先に述べた通りである。密室の談合であると非難された上に、事前の根回し不足が原因であった。衆議院の解散、総選挙で解決すべき問題だというのである。

大連立構想が挫折すると、独自色を出すために、福田は社会保障国民会議など三つの有識者会議を設立した。

†財政政策をめぐる主導権争い

福田内閣の下では、大田弘子の経済財政諮問会議と与謝野馨の財政改革研究会、そして中川《なかがわ》秀直《ひでなお》が「上げ潮」政策を追求し、三者が主導権争いを演じていた。福田はリーダーシップをとるどころか調整さえも行えなかった。官邸主導の終焉と評されたのも無理はない。事実、官房長官の町村信孝は蚊帳《かや》の外に置かれていた。元来、町村と福田はそりが合わなかった。

当時浮上した「上げ潮（ライジング・タイド）派」とは、財政政策による市場への介入を少なくして経済成長を促し、税収の自然増によって消費税率の引き上げなくして財政を再建できるという立場である。

第一次安倍政権の大田弘子内閣特命担当大臣をはじめ、竹中平蔵、中川秀直らがその代表的論客であった。安倍自身はこの主張に同調していた。これに対して慎重なマクロ経済を置き、少子高齢化社会の到来に備え、不人気な増税をも導入しようという「財政タカ派」が対峙していた。後者の代表は与謝野馨経済財政担当相や谷垣禎一《たにがきさだかず》財務相であった。

†ねじれ国会の果て

四月に入ると、福田は衆参ねじれ国会に疲れ果て、黒幕であった森に「やめたい」と辞意を漏らすようになる。それでもサミットを成功裏に終えると、一時的にではあるが元気を取り戻した。

福田はそもそも政治家になるつもりはなかったが、なってからは外交に関心を示し、党内の政争からは距離を置き「褐炭《かったん》を装ってきた」(清水二〇〇九)。政権を担当してからも、内政で効果を挙げられない分、外交を政権浮上の手段とした。

ところが九月になると突然辞意を表明した。公明党との関係が疎遠となり、同党に接近した麻生が政権奪取に意欲を燃やしていたからでもある。結局、首相の伝家の宝刀(解散、総選挙)を抜くことなく終わった。

そもそも福田はハト派で、靖国や北朝鮮問題において小泉や麻生とはその理念を異にしていた。しかし、揮発油税や後期高齢者制度をめぐる混乱から内閣支持率が急落し、福田は一年で退陣した。

3 麻生太郎内閣

†またしても一年での退陣

福田退陣後の総裁選では、小池百合子を擁立する動きもあったし、(小泉チルドレンなど)小泉純一郎の再登場を求める者もいたが、最終的には麻生太郎が当選した。麻生は与謝野に依拠しながら財政出動に踏み切ったが、二〇〇八年リーマン・ショックで景気は悪化し、閣僚の不祥事も重なって解散に追い込まれた。

結局のところ、福田もその後継の麻生も人気を回復できず、それぞれ一年で退陣した。それを見据えて、小沢は参院で首相問責決議案を提出し、憲政史上初めて可決させた。

そして二〇〇九年夏の総選挙で民主党が圧勝して、ついに政権交代が実現。鳩山由紀夫民主党内閣が実現した(小沢は政治資金規正法違反で起訴され代表の座を退いていた)。

†自民党の敗因

民主党の勝利は、安倍時代以降、小泉改革の影響で、選挙において建設業、農協が自民党に全く協力しなくなったのが重要な要因であった。選挙で自民党を支えているのは、創価学会のみとなってしまっていた。

二〇〇七年七月の参議院選挙当時、世襲候補は自民党全体の三八％に達した。民主党の方は一六％であった。

自民党のもう一つの敗因は、二〇〇〇年代に入って「平成の大合併」で市町村合併が急激に進んだことが挙げられる。合併で地方議員が五分の一程度減り、国政選挙で自民党の手足となる者が減った。個人後援会をもたない自民党の参議院議員は、それまで県連（各県の自民党地方支部の連合会）に依拠して選挙を戦ってきたため、打撃が特に大きかった。

†公明党・創価学会への依存

首相を中心とする党執行部は、小選挙区における公認権と、政治資金交付金の資金配分権を握り、派閥の求心力を低下させた。しかしその結果、自民党は官邸主導の裏側で、個人後援会、支持団体の足腰が弱まり、公明党・創価学会への依存度が加速的に増えてきていた。もっともこの時期、公明党は元委員長矢野絢也《やのじゅんや》が創価学会との間でトラブルを起こすという問題を抱えていた。

ともあれ、小泉の長期政権以後、自民党は三人の首相がそれぞれ一年の短命政権を続け、民主党に政権の座を譲り渡したのである。

第四章　平成の社会運動

1　日本会議と日本会議議員連盟

日本会議の源流

本章ではまず、安倍晋三首相を支える団体とされる日本最大の右翼団体、日本会議を検討する。なお、その他、自民党を支える宗教右翼団体としては神道政治連盟、英霊にこたえる会、仏所護念会教団《ぶつしよごねんかいきようだん》、念法真教《ねんぽうしんきよう》、崇教真光《すうきようまひかり》などがある。霊友会や世界救世教は分裂などによって、かつての動員力を失っている。

日本会議は一九九七年五月末、元号法制化に尽力してきた「日本を守る国民会議」と、宗教右翼団体の「日本を守る会」とが合併して発足した。二〇一七年には約四万人の会員を擁し、一六〇〇人を超える日本会議地方議員連盟をかかえ、さらに「日本女性の会」「日本青年協議会」をもつ（俵二〇一八）。

日本会議の中心的メンバーは、後述するように一九六〇年代後半、七〇年代の右翼・民族派学生運動、生長の家の出身者である。この青年組織・民族派学生運動は、新左翼の運動形態を学んで、それに近い「下からの」「大衆」運動を展開してきた。

†明治神宮と生長の家に支えられた「日本を守る会」

日本会議の一つの源流たる（宗教右翼団体）「日本を守る会」は、一九七二年の総選挙で日本共産党が四〇議席と躍進したことと、創価学会の脅威とに直面し、宗教右翼の神道政治連盟、仏教系の新宗教団体、さらに生長の家などが、一九七四年に結成したものである。

興味深いことに、「日本を守る会」は、あくまで宗教者と文化人の集まりとして、政治家を入会させなかった（菅野二〇一六）。ただ、会の牽引者は村上正邦《むらかみまさくに》参議院議員であった。

資金的には、明治神宮と生長の家の二つの宗教団体に支えられていた。明治神宮は、ブライダル事業や駐車場経営、ヤクルトの球場運営を手がけ、圧倒的な資金力をもつ。また、生長の家は、資金も信者も豊富な巨大新興宗教団体である。生長の家の「生長の家学生会」は新左翼運動に対する反対運動の結果、誕生した組織であった。

現在の日本会議の事務局は、椛島有三《かばしまゆうぞう》が率いる日本青年協議会が担い、この組織が日本会議の中核となっている。同協議会は、七〇年安保の時期に誕生した民族派学生運動をもとに生まれた組織で、構成員は一九六八年の長崎大学学園正常化運動に参加した、生長の家の学生信徒たちである。生長の家が左傾すると、彼らはこれに対抗して「生長の家本流運動」を立ち上げた。

なお、生長の家自体は一九八三年以来選挙活動を止め、一九八五年には日本を守る国民会議からも脱退した。二〇一六年の参議院選挙と二〇一七年の衆議院選挙では安倍政権を批判し、「与党とその候補者を支持しない」という教団方針を発表している。

†保守系文化人による「日本を守る国民会議」

日本会議のもう一つの源流「日本を守る国民会議」は、一九八一年、保守系文化人と財界人が集まって結成された。創立時の運営委員長には作曲家の黛敏郎《まゆずみとしろう》が、事務総長には明治神宮宮司の副島広之《そえじまひろゆき》が就任した。呼びかけ人には井深大《いぶかまさる》ソニー名誉会長、江藤淳東工大教授、桜田武日経連名誉会長、武見太郎日本医師会会長など著名人を揃えている。

†超党派の議員懇談会

この二団体の合併で誕生した日本会議は、道徳教育、愛国教育、教育勅語の復活、自虐史観や東京裁判史観の排斥など教育の「再生」を最初の課題に掲げた。そしてそのウェブサイトには、「私たち日本人は、皇室を中心に同じ民族としての一体感をいだき」とある。典型的な伝統主義右翼団体である。櫻井よしこ、百地章《ももちあきら》、西修《にしおさむ》らの著名人も日本会議に参加している。

日本会議を支える超党派の「日本会議国会議員懇談会」(日本会議議連)も結成された。ただ、日本会議議連のメンバーを正確に知ることは難しい。名簿が公開されていないからである。俵《たわら》義文《よしふみ》の推計によれば、二〇一六年には議連の約八割は自民党で、メンバー数は約二九〇名にのぼるという(俵二〇一八)。二〇一九年時点で、安倍晋三と麻生太郎とが特別顧問である。

第一次安倍内閣による教育基本法改正により、日本会議の安倍評価は一気に高まった。教育基本法改正は日本会議が熱心に推進してきた目標だったからである。さらに日本会議議連は、二〇一四年六月に「皇室制度プロジェクト」(座長・衛藤晟一《えとうせいいち》)、「憲法改正プロジェクト」(座長・古屋圭司)の二つのプロジェクトチームを立ち上げた。日本会議は、安倍の安全保障関連法案採決に対しても高い評価を与えた。

日本会議が内外の注目を集めるようになったのは、二〇一四年九月、第二次安倍改造内閣の発足の頃である。この内閣には日本会議議連のメンバーが一〇名加わっていた。そのことは、海外の報道でも注目を集めた。

†地方議会への進出

ところで前述のように、戦後における宗教右翼運動の始まりは、一九七七年前後からの「元号法制化運動」であった（ただし、紀元節・建国記念日復活を求める運動が、一九五一〜六六年に存在した。（青木二〇一六））。ここで遺族会や神社本庁が、地方議会での意見書採択運動を開始した。そして、運動開始後二年で元号法の立法を勝ち取った。さらに、一九九九年には国旗国歌法が、こうした運動の成果として成立した。

日本会議においては地方議員連盟が作られているが、その一人、鈴木《すずき》章浩《あきひろ》東京都議会議員は、本会議の席で、質問中の女性議員に対し「早く結婚したほうがいいんじゃないか」と暴言を吐いて顰蹙《ひんしゅく》をかった。一方、地方議会では憲法改正を求める意見書が次々と採択されている。皮肉なことに、筋金入りの護憲派であった平成天皇と日本会議は折り合いが悪かった。

†教育基本法改正と靖国神社参拝

二〇一五年の段階で、日本会議の構成員は四万人弱、会費の収入だけで四億円弱に達する。

他に法人、団体からの寄付もある（青木二〇一六）。加盟している宗教団体は資金が豊富である。彼らはこの力で、様々な運動を展開している。

二〇〇〇〜〇六年には、教育基本法改正の運動が活発化した。二〇〇四年には、安倍晋三が「教育基本法の改正を！」という鉢巻をして壇上に上がり、「国を愛する心」を訴えた（青木二〇一六）。

靖国神社参拝に熱心なのは、衛藤晟一、有村治子《ありむらはるこ》、山谷えり子、高市早苗《たかいちさなえ》ら、前述の「日本会議国会議員懇談会」所属の議員たちである。なお、衛藤は安倍政権の首相補佐官であるが、生長の家学生会全国総連合の出身者で、日本会議議連の中心メンバーであった。

一九六〇〜七〇年代にかけて、神社本庁などは「靖国神社国家護持法案」を提唱して署名集めに向かった。しかし、キリスト教各派、立正佼成会《りっしょうこうせいかい》、全日本仏教会などが強い反発を示した。自民党は、神社本庁や遺族会に押されてこの法案を国会に上程した。ところが、あまりの反対に一九七四年廃案に追い込まれた。この失敗から法案化を諦め、首相、閣僚による公式参拝に方針を切り替えたのである。

†夫婦別姓への反対運動

次いで日本会議は、領土問題や教科書問題以上の熱意をもって夫婦別姓阻止に立ち上がった。

そもそも日本会議の女性組織である「日本女性の会」（会長・安西愛子日本会議副会長）は、夫婦別姓制度が導入されるのではないか、という危機感から結成されたのであった。憲法二四条を改正し、「家族保護規定」を設けて家族の保護を求めているのもその一環である。

夫婦別姓の議論は、一九九一年に法務省が法制審議会の答申を受け、さらに一九九六年同審議会が「民法の一部を改正する法律案要綱」において、「選択的夫婦別姓制度」を導入することを答申したことに始まる。他方、国連の女性差別撤廃委員会の対日審査会は、二〇一六年三月に、民法の夫婦同姓規定は差別的であり、速やかに改正するよう勧告した。

これらの動きに対し、女性の会は陳情、署名活動などに精力的に取り組んだ。

二〇〇九年に民主党政権が誕生すると、千葉景子が法相に、福島瑞穂《ふくしまみずほ》が少子化対策担当相に就任し、夫婦別姓のための民法改正を推進しようとした。これに対し、女性の会は会長の小野《おの》田《だ》町枝《まちえ》（第二代会長）を先頭に激しい抗議活動を展開した。安倍の側近の高市早苗、山谷えり子、稲田朋美らがそれに同調した。

また、二〇一〇年には「夫婦別姓に反対し家族の絆を守る国民委員会」が結成された。呼びかけ人には、櫻井よしこ、長谷川三千子、工藤美代子らが名を連ねている。同委員会は、たちまち二〇〇万名の署名を集めることに成功した。

そのためもあって、民法改正は実現しなかった。

†右翼宗教団体と安倍政権の関係

安倍を支える日本政策研究センター代表の伊藤哲夫は、国体の護持と明治憲法の復活を提唱している。「生長の家政治運動」も明治憲法復元のための努力を重ねている（前述のように生長の家は一九八三年に突如政治活動を停止した）。

安倍はまた、神社本庁に支えられた神道政治連盟国会議員懇談会の会長を務めている。

ちなみに、右翼宗教団体は創価学会への恐怖感、警戒感が非常に強い。創価学会を国教にしようとしているのではないか、というのである。

日本会議は選挙運動に熱心である。ある右翼青年は次のように述べる。「宗教団体というのは選挙をやると、ものすごくまとまるんですよ。合法的な戦争みたいなものですからね」（青木二〇一六）。

これらの宗教右翼団体は、憲法改正に向かってくれる安倍内閣に強い期待を表明している。もっとも極論としては、現憲法はそもそも無効なのだから「改正」を掲げるなどもってのほかという議論もある。日本会議は、こうした小異を捨てて大同についた組織である。

稲田朋美は、安倍内閣で自民党政調会長の職にあったが、生長の家、日本会議とも繫がりが深い。そもそも安倍の誘いで政治家になったのである。

†日本会議の影響力

ジャーナリストの青木理《あおきおさむ》は、取材を通じて日本会議がもつ「組織の周辺に漂う秘密主義と、批判的な視線や見解に対する極度の警戒感、あるいは敵対意識」の存在を感じたと述べている。

筆者は、日本会議の影響力は、日本会議について書かれた著作においては過大に評価されているとの判断である。それは何よりも、選挙における集票力の弱さによく現れている。

二〇一六年の参議院選挙で日本会議系宗教団体が総力を挙げて支援した山谷えり子（自民党比例区）の得票数は、二五万票であった（柿田二〇一八）。創価学会の集票力とは較べものにならない。自民党が創価学会を頼りにするはずである。

ちなみに日本会議に名を連ねている宗教団体の各役職は、名誉職に過ぎない。日本会議を大きく見せる飾りであって、日本会議の活動に参加しているわけではない（柿田二〇一八）。

2　在特会によるヘイトスピーチ

†在日特権を許さない市民の会

ここでは、日本で最大の排外主義団体となった「在特会」とそのヘイトスピーチについて考察したい。在特会は、正式名称を「在日特権を許さない市民の会」といい、二〇〇六年九月から準備を始め、翌年一月に結成された。

この頃すでに、会長となる桜井誠（本名・高田誠）はネット上で有名人となっていた。最初のころは、ネット掲示板を介して集まった者たちがネット上で学習会を開いていたが、間もなく街頭に繰り出して抗議運動を開始した。

当初は在日韓国・朝鮮人の在留資格を定めた入管特例法の廃止を目標にしていたが、在日韓国・朝鮮人に対するヘイトスピーチによって二〇一三年に一挙に勢力を広げた（安田二〇一二、安田他二〇一三）。同時に、寄付によって事務所経費や活動費を賄う態勢を作り上げた（樋口二〇一四）。もっとも事務所の運営はボランティアで、専従職員はいない。

桜井は自らをカリスマ化するために生い立ちについて沈黙しているが、郷里の北九州にいたころは、目立たない高校生であった。在日韓国・朝鮮人との接点は、郷里北九州に九州朝鮮人学校があって、喧嘩が絶えなかったことであった（安田二〇一二）。

やがて、韓国・朝鮮問題に詳しいとして保守系ケーブルテレビ「チャンネル桜」にレギュラー出演するが、それまでにこの問題について相当勉強しており、かつ弁が立つとして評判を呼んだ。

†インターネットの登場とネット右翼の誕生

インターネットが広く利用されるようになったのは一九九〇年代以降である。そして、携帯電話やパソコンに没頭する「オタク」が脱皮して、在特会のようなネット右翼が登場した。匿名を隠れ蓑に、攻撃的、差別的書き込みを続ける存在である。

これが、「嫌韓」と在日批判へと向かったのは、二〇〇二年のワールドカップにおける日韓共催のサッカー試合であった。韓国側からの日本選手へのブーイング、繰り返される反則、日の丸を踏みにじる行為など、目に余る行為が彼らの強い反発を買ったのであった。さらに、日本がトルコに敗れたとき、ソウルで人々が大喜びするニュースが流された。続いて拉致問題が浮上し、ネットへの反韓的書き込みを急増させた。

ネットは例えば、次のように使われる。パソコンで、「尖閣諸島」と入れて検索すると、次の土曜日、尖閣諸島問題についてのデモが行われることがわかる。マスコミには報道されていない記事である。これを見て参加するかしないかを決める。行く、行かないは自由だし、イヤになったら抜けて帰ってしまうことも自由だ。軽いコミットメントである。

インターネットはかつてサブカルチャー主体であったのが、世紀転換期に政治性を帯びるようになった。在特会は匿名掲示板「2ちゃんねる」を媒介にして生まれたネット右翼である。ネットは大学の研究室で生まれた。それが一九九〇年代にパソコンや携帯の普及によって、大衆化した。ネットではなぜか左翼よりも右翼のほうが幅を利かせている。マスコミや教育界が「左翼（リベラル）偏向」であるのと対照的である。ネット右翼は、自分たちの活動を無視するマスコミに不満をもっている。

†匿名の活動をする「ふつうの日本人」

在特会の会員数は結成当初五〇〇名、その後、八年間で三〇倍以上にふくれあがった。二〇一二年時点で、会員数は一万余りに急増した（安田二〇一二）。とはいっても、大部分が会費も払わないメール会員である。

そもそも、こうした「活動」や参加は、学校や職場ではむろん、親しい友人にも、つまり周りの人には知られたくないので、匿名でなされており、大部分が（ネットで使っている）ハンドルネームで行われる。顔の見えない活動なのである。勢力拡大のきっかけは在日コリアンが起こした在日韓国朝鮮人高齢者年金裁判への反対であった。

会長の桜井誠には多くのカンパが寄せられ、生活には困らない。寄付するのは、運動に参加はできないが、活動費用だけは支えたいと考えている「ふつうの人」である。「ふつうの人」、あるいは「ふつうの日本人」というのは、文字どおりふつうに暮らしている日本人ということで、頻繁に使われるネトウヨの自称である。その仲間はネットで動員される、いわゆる「ネット右翼」である。インターネット上の動画で在特会の活動をアピールする。ネット上では、再生回数が極めて多く、ネットを通じて会員を増やしてきた。

在特会によるヘイトスピーチという抗議運動に参加しているのは、スーツ姿のサラリーマン、オタク風の若者、ジーンズ姿の若い女性など、ごくふつうの人々である。換言すると「際だった特徴が見つけにくい」人ということになる（物江二〇一九）。「特攻服に黒塗りの街宣車」の旧右翼とは明確に違う。しかし何でもかんでも在日韓国人、朝鮮人のせいにして、全く対話不能な（在特会を支持する）人々を「ふつうの人」と呼ぶのは疑問である。

ネット上で「ネトウヨ」と辛抱強く対話を試みた物江潤《ものえじゅん》は次のように言う。「いくら質問をしてみても、……理由は返ってこず、単なる結論や罵倒ばかりが跳ね返ってきて」対話が成立しない。また、ネット上では極めて多くの個人攻撃が行われる。

ネットという「空間」では、現実社会では無力な人間が大きな影響力をもつことがある。彼らは「正義の心を胸に、無尽蔵のエネルギーで対話相手に反論をしかけ……時として、ありったけの憎しみを込めた言葉を投げかけてくる」(物江二〇一九)。このネット空間には小中学生もアクセスする。ネットを使ったいじめも多発している。

†憎悪に満ちたデモの風景

在日韓国・朝鮮人が本当に怖れるのは、在特会というより、その活動を見ながら沈黙している日本人大衆であった。

在特会は日の丸や靖国神社には強い関心をもつが、皇室には関心を示さない。なお、「新しい教科書を作る会」も皇室には関心を示さない。この「つくる会」の地方支部は、所得の比較的高い草の根保守ともいうべき運動に支えられている。参加者の多くは拉致問題と夫婦別姓に強い関心を示す(小熊他二〇〇三)。在特会の言論は極めて激しく、恐ろしいほどの憎悪に満ちており、笑いながら暴力的な叫び声を挙げる。

ヘイトスピーチは在日韓国・朝鮮人だけに向けられているのではない。被差別部落出身者にも、日本に観光にきた中国人にもムスリムにも向けられる。また。ナチスのハーケンクロイツの旗をもってデモに参加した者もいる。傘下には国家社会主義同盟なる団体もある。

在特会のデモの一風景を、あるジャーナリストは次のように活写している。

大阪の鶴橋で、他の団体とともにデモ行進をしたときのことだ。デモ終了後に、街宣活動を開始した。マイクでアジ演説を始めたのは、ミニスカート姿の「かわいらしい女子中学生」で、「みなさんが憎くてたまらないです。もう殺してあげたい」と叫ぶ。

この叫びを政治哲学者の森鷹久《もりたかひさ》は、「快楽としての憎悪の追求」「むき出しの憎悪をぶつけること自体に悦びを見いだしている」「憎悪の共同体」だと解釈してみせる(安田他二〇一三)。少なくとも高揚感があることは確かである。

安田浩一は次のように描いている。「私の目を引いたのは、紅一点の街宣参加者である。Tシャツにジーンズというラフな格好できていた二九歳のOLだ。……「在日特権を許さない市民の会でございまーす。みなさーん、ご静聴を御願いしまーす」と、可愛らしい声で切り出したものの、話が「在日特権」に及ぶと、声色に突然、凄みが加わった。「お前ら在日は、差別だ人権だと騒ぐばかりで、何かあれば顔を真っ赤にして金を要求する」。……言葉の刺々しさと、あまりにも「ふつう」な外見とのギャップはそれまで無関心を装っていた買い物客を、ちらりと振り向かせるくらいの力はあったようだ」「なぜ活動に参加しているのかと尋ねる私に、彼女は「増え続ける外国人が怖いから」と答えた」(安田二〇一二)。

この「朝鮮人」が怖いという感覚は参加者の多くに共有されている。「なにをされるか分からない」と。

安田はこのようにも書く。「デモを終えたあと、会員たちが連れだって居酒屋で打ち上げを楽しむ」。そこには他では味わえない「高揚感や連帯感」がある。巨大な敵と戦っている、と。「自分たちは世の中のエリートではないことを自覚している」。マスコミは「報道することで彼らを認知してしまうことになる」として無視している。

†背後にある「嫌韓」

彼らがターゲットとしている、いわゆる「在日」は全国で韓国系、北朝鮮系合わせて六〇万人ほどで、そのうち特別永住者が四四万人である。大部分は自由意志で来日しているとされる。在特会は、特に在日朝鮮人（総連系）への生活保護費の支給を停止すべきだという要求を行っている（在日コリアンで生活保護を受けているのは、約二万五〇〇〇世帯である）。ヨーロッパでは、排外主義はニューカマーを対象としているのに対し、在特会は長く日本に住んでいる在日コリアンをターゲットとしている。

在特会のヘイトスピーチの背後には、「嫌韓」がある。さらにその背景には、韓国政府の変貌がある。冷戦の終焉とともに、韓国は反共国家から、北朝鮮を同胞とみなす「民族国家」へと転換した。それは同時に「反日国家」の誕生でもあった（安田他二〇一三）。従軍慰安婦に関する謝罪の要求は、反日としての特徴をもつ。もっとも、慰安婦問題の登場は一九九〇年代初頭へと、もう少しさかのぼる。この韓国ナショナリズムの反日行動に反発して、在特会のような「在日への攻撃」が始まった。言い換えれば、韓国という「反日国家」への反発が（おそらくほとんど無自覚に）在日コリアンへの憎悪に転化しているのである。

†民主党政権下での活動

二〇〇九年の民主党による政権奪取は在特会に強い危機感を与えた。政権交代について、ネットの掲示板では、「日本の危機」が叫ばれた。

事実、民主党政権は外国人参政権を認める方向に進んでいた。そこで二〇〇九年九月、在特会は一〇〇〇人を集めて、秋葉原でこれに反対するデモを行った。これも、マスメディアはあまり報道しなかった。

外国人参政権については、国民新党の亀井静香が与党内で大反対して、国会での上程は阻止された。このデモは、在特会にとって大きな飛躍のきっかけとなった。

†ヘイトスピーチに関する法廷闘争

日本には人種差別を禁止する法律はなかった。二〇一六年にヘイトスピーチ対策法が成立したが、罰則のない法律である。

二〇〇七年夏、右翼団体「主権回復を目指す会」のリーダー、西村修平が在特会に加わった。彼はチベット解放、反中国の活動をしてきた、激烈なアジテーションを得意とする右翼の異端児である。桜井はこの西村のアジテーションからアジの仕方を学んだ。

在特会は二〇〇九年、不法滞在中のフィリピン人夫婦を両親とする中学二年の少女に対し、彼女が通っていた中学校を掠める進路で、総勢一〇〇人ほどが参加するデモを行った。

京都市においては、二〇〇九年末に京都朝鮮第一初級学校に対し、十数名の在特会関西支部会員が校門前で三回にわたってヘイトスピーチを行った。

この「襲撃」は、同校が運動場をもたないため、近隣の公園（勧進橋《かんじんばし》児童公園）を運動場として「独占的に」使用していたことに対し、抗議したものである。付近の住民が在特会に、生徒以外の子供たちにも公園を使えるようにしてほしいと力添えをメールで依頼した。これが在特会側の言い分であるが、もともとは地域住民の同意を受けた上で、公園を使用していたとも言われている。

これを受けて、在特会がヘイトスピーチに及んだ。警察や市役所は、在特会に対しても毅然とした態度はとらず、「ママアア」という姿勢だった。この在特会による「襲撃」に対しては、「カウンター」と呼ばれる反対運動も生まれ、両者の間で激しい衝突が繰り返された（中村二〇一四）。

朝鮮学校への抗議活動はネットで配信され、全国的に、さらには韓国でも注目を集めた。この「襲撃」に対して角替豊《つのがいゆたか》元京都府議会議員（公明党）らが立ち上がり、ヘイトスピーチ規制条例制定運動と裁判闘争が進められた。

学校側は、在特会を民事・刑事両面で告訴した。二〇一三年一〇月、京都地方裁判所は、この事件は人種差別撤廃条約に違反するとして、約一二二〇万円の巨額の損害賠償義務を認めた。具体的には、子供たちに罵声を投げかけたのが名誉毀損とされたのである（中村二〇一四）。また、学校の周囲での街宣活動を禁止する判決を出した。裁判は話題となり、注目を集めた。

一方、在特会側も朝鮮学校を都市公園法違反罪で刑事告訴しており、裁判所は校長に一〇万円の罰金を支払うよう命じた。公共施設たる公園を占有していたことを放置していたのは、行政の怠慢と言われてもしかたがない。同和問題と同様、行政はこうしたマイノリティの行動への対処には及び腰である。「在日特権」と指弾される事態は、一般市民がこれに抗議することが難しいという構図の中で生まれる。在日コリアンへの批判はタブー視されていたのである。

マスコミとしても、この事件を正面から報道することはためらわれたため、事件の背景は桜井の証言によって初めて明らかにされることになった（「ヘイトスピーチのない社会を目指して」『月刊　日本の進路』二〇一六・五月号。角替豊氏への筆者のインタビューによる）。マスコミによるこの事件の報道は、もっぱらヘイトスピーチに集中した。

続いて、二〇一〇年四月、在特会の男女約二〇名が徳島県教職員組合の事務所に乱入した。徳島県教組が四国朝鮮初中級学校に一五〇万円を寄付していたことへの抗議であった。組合は直ちに警察を呼び、警察は彼らを連行した。この事件も裁判に持ち込まれた。

†カウンター活動

ヘイトスピーチにも「カウンター」と呼ばれる対抗グループが存在する。例えば東京の「プラカ（プラカード）隊」「ダンマク（横断幕）隊」「しばき隊」「署名隊」、大阪での「仲良くしようぜパレード」等々である（神原二〇一四）。数の上では、在特会よりカウンターの方が上回ることが多い。

具体的には、二〇一三年九月、東京都内で「差別撤廃東京大行進」というパレードが開催された。「すべてのレイシズムにNoを！　すべてのヘイトスピーチにNoを！」をテーマに掲げて、新宿区内の道をおよそ四キロにわたって行進した。

これらのグループは組織やリーダーをもたない、会則や名簿もないという意味で、後述するSEALDsに似ている。カウンター活動が大衆的盛り上がりを見せたのは二〇一三年二月のことであるが、彼らにもかなり過激な行動が見られる。

カウンターのうち「レイシストしばき隊」（通称「しばき隊」）は、罵声合戦からエスカレートして、在特会との間で暴力沙汰を引き起こした。

†退屈な日常からの解放

在特会を長く（批判的な目を失わずに）取材してきた安田は、彼らのデモを見て、「二〇〇〇人が連帯し、団結し、一つになった。こんなにも熱狂できる〝祭り〟がほかにあるだろうか」と記している（安田二〇一二）。政治活動がもたらす「祭りの熱狂」こそが、社会運動の非日常性の魅力に他ならない。退屈な日常からの解放をもたらすという点で、在特会は、社会運動への参加の魅力を会員たちに与えるのである。

3 愛国女子の運動

†フジテレビへの嫌韓デモ

二〇一一年八月、フジテレビに対する「愛国女子」の抗議デモが始まった。「韓流ドラマ」ばかりを流すことに対してである。次いで、その番組のスポンサーとなっていた花王に対する抗議デモも登場した。そこには、子連れの主婦が多く参加していた。

評論家の北原みのりは、このデモを週刊誌の連載で批判したことで、ネットで激しい非難を受けた。大量の嫌がらせで会社のサーバーが止まるほどであった。

本節では、愛国活動を行う女性たち――愛国女子の運動について見ていく。

†従軍慰安婦問題への抗議行動

愛国女子の運動は、特に従軍慰安婦に対して激しい罵倒を加えている。

二〇一一年一〇月に、元慰安婦を韓国から呼んで、外務省前で日本政府に謝罪と賠償を求める大規模なデモが行われることが明らかになった。かねてから従軍慰安婦問題で日本政府が謝罪を繰り返すことに違和感をもっていた在特会の元事務局長、山本優美子が、これに抗議するデモを計画した。そのために、ネットで呼びかけるとともに「なでしこアクション」という組織を立ち上げた。

彼女が従軍慰安婦問題を取り上げたのは、「元慰安婦には気の毒なことであっただろうと思うが、どうして何度も、何度も日本が謝罪と補償を求められなければならないのか」と疑問に思って、祖父たちの濡れ衣をはらす狙いからであったという。また、「韓国は、女性の人権問題として取り組んでいるのではなく、日本への政治的なカードとして使っている」と批判した。

当日、山本の呼びかけに応じて外務省前に集まったのは、数百人に上った。マスコミは慰安婦をサポートする側だけを取材し、なでしこアクションを無視した。その点で、インターネットは両方を平等に見ることができた。その後、毎週水曜日に抗議行動を行い、集会を開催した。山本は、日本は奴隷制のなかった国であり、そこに「性奴隷」などはあり得ないと主張した。

山本にとって、デモは自分と同じ考えの人がこれだけいる、とわかる機会であり、「それに面白いじゃないですか」という（北原・朴二〇一四）。運動が面白いという態度が生まれたのは全共闘からだという指摘がある。六〇年安保のときは主義主張でやっていたのが、七〇年安保のときはイデオロギー性はわずかで、面白そうだからやろうという参加者が半分以上であった

（半藤他二〇〇九）。

†女性による抗議行動の風景

愛国女子の運動の一つに、「愛国女性のつどい花時計」がある。日本女性の会から分派し、設立された団体である。二〇一三年五月末、ハチ公前でスピーチを行った。以下にその模様を引用する。

街宣は昼の一二時に始まった。胸が大きくあいた膝上一〇センチのワンピースにヒール姿の四〇代（年齢は推測、以下同）、ベビーカーをひいてきた着物姿の二〇代、「おひとよしの日本人。優しすぎるのやめましょう」というプラカードを胸のあたりに持った、お茶の先生でもやっていそうな着物姿の上品な五〇代、昼休みに会社を抜け出してきた、という感じのスーツ姿の四〇代もいる。いったい何のグループか分からないほど、服装も、年齢も、雰囲気も、職業もばらばらに見える。……女たちが代わる代わるマイクを持ちはじめた。……いろんなところに手作り感があふれている。……誰もがにこやかに、やわらかく「伝えたい」という熱意でわかりやすく通行人に話しかけているのだ。「従軍慰安婦なんてウソです！　根拠も証拠もありません！」語るうちに高揚していくのだろう。……声はどんどん大きくなっていく。……「そうだっ！」男の野太い声も響く。……街ゆく人も、その声に自然に足を止め、彼女たちを囲む輪がじわじわと大きくなってきた。（北原・朴二〇一四）

このあと、愛国運動に参加した女性の多くが「チベット独立運動」に関わり、中国批判を強めた。マスコミはほとんどがこうした運動を取り上げず、無視している。そのことに彼女たちは苛立ちを禁じ得ない。

†インターネット黎明期の愛国女子

「2ちゃんねる」は、一九九九年に誕生した、日本最大規模のインターネット上の巨大掲示板集合体である。このなかの極東アジアに関するニュースを扱う掲示板、「極東板」に二〇〇二年、「おまえら八月十五日靖国神社に参拝しませんか？」というスレッドが登場した。インターネットで靖国参拝を呼び掛けたのである。

これにボアマロなる人物が賛同して、自ら呼びかけ人の役割を買って出た。「日本のために戦った兵士に追悼の思いを捧げましょう／大勢の参加を願います」と。やがて「僕も参加します」等々、ボアマロ以外の書き込みが増えていった。

八月一五日に靖国神社には、一〇〇人以上が参加していた。受付には華奢《きゃしゃ》な美しい若い女性がいた。彼女がボアマロだった（どういうわけか、若者のこういった右翼運動には必ずといってよいほど、このタイプの若い清楚な女性が登場する）。ボアマロは、2ちゃんねるの有志を代表して、祭文《さいもん》を用意し、それを「英霊」に捧げた。これはテレビでも放映され、大評判になった。彼女は一種の伝説となった。

その後、二〇一一年民主党政権時代、円とウォンとのスワップ協定が結ばれたが、それがあまりに韓国に有利なものであると、「2ちゃんねる」に反民主党政府のデモの呼びかけが掲載された。「二三日国会議事堂前、一一時から各個人で大規模お散歩、以降座り込み」の書き込みに、反応したのである。「誰かがリーダーとして率先したわけでもなく、現場でなにかを指示した者もいない。しかしこの座り込みは、一過性のデモで終わることなく、途切れることなしに連続の座り込みがつづいていった。毎日一九時から二三時まで四時間、座り込みは続いた」（佐波二〇一三）。

このスワップ協定への反対から出発して、「領土問題への弱腰外交、中国や韓国に阿《おもね》る歴史認識へ」と、議論・主張が展開していった。このデモに参加した女性は、運動を通じて「愛国という言葉を使うと、戦前の悪いことのように言われてしまう」状況を変えていくことができたという。そしてまた、「日本を好きだと思っている普通の人たちが「ネトウヨ」と揶揄されてしまった風潮を終わらせる」ことに尽力した。国会前の座り込みは、ＳＥＡＬＤｓやシニア左翼も同様に行っていて興味深い。左右の違いはあっても、スタイルは共通する。

†インターネットを用いた海外の運動

なお、中国においてもインターネットで参加する運動が登場した。二〇〇五年四月の反日デモがそれで、日本大使館や総領事館、日本料理店が暴徒化した中国のデモに襲われた。北京で約一万人、上海や広東省では約二万人が参加した。

その背景には政府幹部に蔓延する汚職、拡大する貧富の格差、失業の増大があり、政府批判が反日という形をとって噴出したものと思われる。その認識は中国政府にも共有されており、それゆえに強い態度で対処した。

†ネット右翼の性格

在特会を含む「ネット右翼（ネトウヨ）」について、評論家の古谷《ふるや》経衡《つねひら》は、次のように性格づけをしている。

ネット右翼は、高学歴で、大都市圏に住み、年収も比較的高く、異性体験も同世代の若者たちと較べて低くない。低学歴、低所得、無職、女にもてない引きこもりのネット中毒者という、巷間《こうかん》に（特にマスコミで）流通しているイメージとは対極にある存在である。右翼と見なされていながら、皇室については無関心で、日の丸・君が代にも思い入れはない。

こうしたデータを読むと、在特会をネット右翼の典型と見なすことには、慎重にならざるを得ない。にもかかわらず、彼らネット右翼のメンバーは「仕事をしても給与は上がらず、子育てどころか結婚すら考えられないという近未来」に直面しているとされるからである（安田他二〇一二）。

以上のように、若者（と中年）の右翼運動は、「ふつうの人々」による「軽さ」をもった運動である。ネットで動員される点も含めて、後述する（ネット左翼たる）ＳＥＡＬＤｓと特徴が似ている。従来の、スピーカーから大声を出す黒い街宣車にやくざ風の特攻服に象徴される「街宣右翼」とは、非常に異質である。

日本会議が高齢者による右翼運動であるとすれば、ここに扱った在特会と愛国女子運動は、若者（と中年）の右翼運動であると言える。

4　ＳＥＡＬＤｓとシニア左翼

二〇一〇年代に、デモの季節が戻ってきた。オキュパイ（占拠）・ウォールストリートやカタルーニャ独立運動がその代表例である。日本では、以下で検討するSEALDsがそれに当たる。

†SEALDsの誕生

SEALDsという運動・組織があった。正式名称は、「自由と民主主義のための学生緊急行動」(Students Emergency Action for Liberal Democracy-s)。Seald には盾の意味があり、その複数形でもある。

二〇一二年、毎週金曜日に、政府が通そうとしている特定秘密保護法の法案に対する反対集会が国会前で開かれた。参加者はどんどん増えていった(高橋他二〇一五)。若者の間に政治的無関心が蔓延していると言われていた時期にである。

この国会前集会の中から、秘密保護法に反対して、まずSASPL(サスプル Students Against Secret Protection Law)が結成された。それが二〇一四年末に解散し、SEALDsがそれにとって代わった。運動のスタイルは、かつての「ベ平連(ベトナムに平和を!市民連合)」に似ている。「自分のやりたいことをやる。人のやることに文句をつけない。除名はしない。去る者は追わず。来る者は拒まず」。ただ、事実上の代表はいて、奥田愛基《おくだあき》である。集会の間、ラップ音楽が鳴り響く。学生運動というよりサークル活動のようであった。

ＳＡＳＰＬは秘密保護法反対のシングルイシュー団体であったが、ＳＥＡＬＤｓは安保法制批判から出発しながらもそれを超えて、民主主義擁護（具体的には改憲反対）や原発反対に向かった。ＳＥＡＬＤｓが本格的な運動を開始したのは、二〇一五年五月の国会前抗議からである。

ＳＥＡＬＤｓの設立声明は次のようなものである。

「私たちは、戦後七〇年でつくりあげられてきた、この国の自由と民主主義の伝統を尊重します。そして、その基盤である日本国憲法のもつ価値を守りたいと考えています。……現在、危機に瀕している日本国憲法を守るために……」（栗原編二〇一六）。

†若者中心に、かつての新左翼活動家との連携も

東京のＳＥＡＬＤｓは、メンバーは最初二〇〇人ほどであったが、月一回くらい、約五〇人が集まって運動方針を決める。メンバーは大部分が若者たちで、極めて多様である。ファッションデザイナーを目指して専門学校に通っている者、建築家を目指す者、原発のことを調べている者、等々であった。他人には誘いかけはしないが、国会前に行けば友達に会えるというのが楽しみである。関西にもその他の地域にもＳＥＡＬＤｓは存在する。

マスコミなどからの取材も多い。しばしば「政治家になるのか」と聞かれるが、「絶対にな

りたくない」（高橋他二〇一五、福島二〇一六）、「自分たちが政治家になるよりも、既存の政党をちゃんとさせたい」（SEALDs二〇一六）と答えている。

実は、デモなどでは六〇〜七〇歳代のいわゆる安保世代の参加も少なくないが、マスコミは若者たちに焦点を当ててカメラを回す（山村二〇一六）。若者の方が画になるからである。

SEALDsは、労働組合や再登場した旧新左翼グループ（中核派や革マル派）と連携を取っている。実は座り込みやテントなどのロジスティックスは、こうしたかつての新左翼活動家が担っている。

†政治への考え方は素朴

二〇一五年一二月、SEALDsは、市民のためのシンクタンクとしてReDEMOS（リデモス）という組織を立ち上げた。「ノー」と言うだけでなく、議会でちゃんと具体的提案をしたい、という狙いからである。被選挙権の引き下げなどを提言した。

安保関連法成立直後の二〇一五年九月未明の国会前抗議に、悲壮感は全くなかった。激しい危機感をもってはいない、ということであろう。

「おもしろいぞ」というのが、彼らの運動の原点である。近頃の若者らしい運動である。SNSを活用しているのもその一面である。

SEALDsの政治に対する考え方は、筆者からみると驚くほどナイーヴというか、素朴である。SEALDsの一人は選挙について次のように言う。「これからはもうちょっと市民にとってオープンな、参加型の選挙にしていかなければいけないと思う。日常を暮らす上で真っ当な感覚、コンセンサスみたいなものと、「選挙」という政治制度を、自分の未来のためにももっとオープンにつなげたい」(SEALDs二〇一六)。

SEALDsの指導者たちの鼎談を読むと、その議論があまりに独断的で、図式的だという印象を受ける。しかも健全な懐疑の姿勢に欠ける。

さらにいえば、シールズには国際政治あるいは経済政策についての知識や関心があるとは思えない。アフリカの貧困やテロリズムについても同様である。東アジアに関心があるといっても、中国、北朝鮮に脅威感をもっているとは思えない。日常性を重んじていることは評価できるが、以上のような問題にも関心を向けないと、真に政治に関心をもつ組織とは言えまい。SEALDsは、二〇一六年の参院選挙で「改憲」を阻止し得て、それまでということで八月に解散した(「区切りをつけた」)。新たな社会運動の登場を期待しつつであった。

なお、シールズと並ぶ市民運動として、「首都圏反原発連合」がある。福島原発事故のあと、数万人の市民が原発政策に抗議するため、毎週金曜日に官邸前に集まった。運動スタイルは、SEALDsとよく似ている(神原二〇一四)。

†シニア左翼

ジャーナリストの小林哲夫は、二〇一一年の福島原発事故を契機として、「シニア左翼」が登場したという。六〇年安保世代や全共闘世代の同窓会といった風情である。メディアは、シニアにあまり興味を示さなかった。安保関連法案に反対する運動としては、SEALDsや「安保法制に反対するママの会」が注目を集めた。これも若い人々のほうが、テレビにとっては画になるからである。

二〇一五年八月の安保関連法案に対する抗議集会への参加は、かつての左翼・リベラルにとって、約四〇年ぶりの復活であった。老齢になって初めて参加する人々もかなりいた。坂本龍一、樋口陽一、上野千鶴子、大江健三郎など著名人も多数含まれていた。デモの際には、警察も「高齢者が怪我をしないように」と通達を出したという。

シニア左翼には、かつてのような悲壮感はない。むしろ明るい。そして活動のための時間的余裕がある。それまでは無為無策だったと悔い、残りの人生は長くないと、立ち上がっている。若者との連帯がシニアにとっては何とも言えない。「家に引きこもっていてもしかたがない、出かけてくるか」といった感覚なのである。余暇の過ごし方の一つというか。運動を過激化する要因はどこにもない。

二〇一一年九月、福島原発事故緊急会議が、経産省を取り囲んで「人間の鎖」を作った。このとき、「9条改憲阻止の会」は持続的な行動にするためにテントを張り、座り込みを始めた。参加者の多くは高齢者だった。例えば、瀬戸内寂聴《せとうちじゃくちょう》は九〇歳で座り込みを始めた。このテントは四年も続き、右翼や在特会が攻撃をしかけた。

二〇一五年九月の安保関連法案反対で国会前に集まった者の中には、かつての新左翼グループもいた。中核派、ブント、革マル、フロント等々。彼らの多くはSEALDsが武装闘争を排除し、革命をする気のないことに批判的である。そもそも「帝国主義世界戦争が始まろうとしている」との認識だからである。若い活動家を育てられず、一様に高齢化している。

5　雨傘運動とひまわり運動

†普通選挙を求めた香港の雨傘運動

SEALDsは、同時期の香港(雨傘運動)や台湾の反政府運動(ひまわり学生運動)に共感している。運動のスタイルは相互によく似ているが、SEALDsと違って、台湾の運動家は、政治家になることを考えている点に違いがある。

香港の雨傘運動は、二〇一四年九月、「真の普通選挙」を求めて、学生たちが立ち上がったことに始まった。それまでの選挙は、親中国派の各産業団体から選ばれた選挙委員会（一二〇〇名）による間接選挙であった。これは中国政府が香港で民主党を政権につかせないための策略であった。この方式に反対し、普通選挙の導入を要求した。

学生たちは、学連（香港大学学生連合）と学民思潮（学民＝「スカラリズム」、組織名である）の二組織に結集した。最初は授業のボイコットから始まったが、学生たちは金融街、官庁街の道路を占拠した（香港は国際金融都市であることに留意されたい）。その排除のため、警察が催涙弾を発射した。これを防ぐために雨傘を使ったのが、雨傘運動と呼ばれる理由である。学生に共感する市民が万単位で集まった。

この運動には指導者はおらず、参加者は自主的に集まった。リーダーを置かなかったのは、中国政府によるリーダーに対する弾圧を避けるためでもあった。香港政府は、金を払って暴力団を使って学生たちを排除しようとし、流血の惨事を招いた。

長期にわたる占拠に学生も近所の商店街店主も疲労困憊し、九〇〇人以上の逮捕者もでた。運動は何の成果も得ることなく終焉した。

†二〇一九年、再度の雨傘運動

ところが二〇一九年夏、中国政府が香港に対し、香港で逮捕された刑事容疑者を中国に引き渡すという条例を強要したことに対し、学生たちが雨傘をもって立ち上がった。

二〇二〇年春に至っても抗議運動は続いている。中国政府は強硬で、軍隊を派遣する構えも見せている。日本の場合と較べて、警察はかなり暴力的である。

ちなみに、香港の活動家は、日本のSEALDsが安保法制に反対していることについて、中国の脅威を痛切に感じている自分たちから見ると、中国の軍事的脅威を無視して安保法制に反対していることは理解できないと述べている（福島二〇一六）。

†総統を譲歩させた台湾のひまわり運動

台湾のひまわり運動は、二〇一四年、三〇〇人ほどの学生たちが、中国との「海峡両岸サービス貿易協定」の審議打ち切りに反発して立法院館内に突入、占拠したことに始まる。サービス貿易協定は中国資本による台湾経済支配の手段と見なされた。

学生たちに市民が共感し、新北《しんほく》市の花屋が大量のひまわりを送った。かくて学生たちは自らを「ひまわり学連」と自称した。当局は学生の言い分に多少の譲歩を行い、立法院などによる監視機能を定めた条例が法制化されるまではサービス貿易協定の審議を行わない方針を示したので、学生たちも退去に応じた。カリスマ性をもった二人のリーダー（林飛帆《りんひはん》と陳為廷《ちんうえいてい》）の統率力は見事なものであった。

立法院の長、（馬英九《ばえいきゅう》総統のライバルたる）王金平《おうきんぺい》はサービス協定に反対であったので、学生たちの行動に好意的であった（福島二〇一六）。香港の学生たちも応援に来た。王の庇護で学生たちの起訴は回避された。

ひまわり運動のあと、一年も経たないうちに学生運動は分裂してしまった。そして離合集散を繰り返すことになった。

第五章

原発推進と脱原発

1　原子力発電所の建設

†火力発電に代わる発電所の必要性

まず、日本における原子力発電所の建設について述べる。

一九六六年に、日本初の原子力発電所である東海一号の運転が始まった。一九七〇年には福井県の敦賀一号が運転を開始した。

さらに、一九七三〜七四年の石油危機による石油価格の高騰で電力会社は窮地に追い込まれ、活路を求めて原子力発電に向かった。公害反対運動で火力発電に厳しい目が向いていたことも、原発建設への追い風となった。さらに二〇〇〇年代には地球温暖化が問題となって、火力発電に代わる原子力発電への期待が高まった。

†日本最大の原発基地となった福島

東京電力（東電）は木川田《きがわだ》一隆《かずたか》社長の下で、福島県大熊町、富岡町に原子力発電所を建設し、一九七一年に運転を開始した。

福島県は島根県に次いで所得が最下位から二番目という貧しい県であった。特に建設予定地の一つ、大熊町は非常に貧しい辺境であり、過疎で財政危機にあった。原発立地自治体にとっては、巨額の税金投入や交付金、協力金が、原発誘致の大きな魅力であった。しかしそれは、地方議会選挙や首長選挙がカネ塗れになることを意味した。

福島県の海岸地域では、福島第二原発の建設をめぐって地元の「理解」を得るための「公開ヒアリング」が行われ、その場で次のような意見が出された。

「福島のチベットと呼ばれ、これといった産業もなく過疎に苦しんだ浜通りも、原発のおかげで、若い人がUターンし、活気が出てきた」（上丸二〇一二）。もっとも、このヒアリング会場の周りには、抗議のデモ隊約一〇〇〇人がシュプレヒコールを上げて集まり、反対の意思を表明していた。

こうして福島県は日本最大の原発基地となった。元来福島は東北電力の「縄張り」であるが、東電が進出した。東電の社長、木川田一隆の郷里が福島であるという事情があった。

前述のように、当時この地域は全国でも指折りの貧しいところであった。衆議院議員の木村《きむら》守江《もりえ》（のち知事）の下に町長たちが結集し、彼の紹介で木川田に会い、原発誘致に尽力した。県庁も活発に動いた。原発建設に町民は大歓迎であった。この誘致で、地元は福島県きっての金持ち町となることが期待されたからである。

東電は住民を温泉に無料招待し、地元自治体に寄付もした（『朝日新聞』一九九六・六・一）。しかし原発建設の間は潤っても、工事が終われば元《もと》の木阿弥《もくあみ》になるという厳しい見方もあった。しかも地元には汚染排水が残る。

原発立地計画が示されると、地元では賛成派と反対派に別れていがみ合い、筆舌《ひつぜつ》に尽くしがたい状況が生まれた。用地をめぐり親戚、友人、仕事仲間、親子関係までがズタズタにされた。反対派の中心の一つは漁業協会であった。

なお、東電が原発を建設するときは、東芝や三菱重工が原子炉を作り、建屋《たてや》などの施設は鹿島建設などのゼネコンが建てる。

†原子力利権

原子力発電所の建設、運転には巨大な利権が絡む。一ノ宮《いちの》美成《みやよしなり》らの著作『原発再稼働の深い闇』（二〇一二年）には多くの事例が挙げられているので、そこから紹介しよう。

①大飯《おおい》原発のある福井県大飯町（現おおい町）長をめぐって、関西電力が知事のパーティ券を購入した。また毎年、巨額の原発交付金が県に入る。地元の民宿やタクシーも関電関係者によって潤った。さらに電力会社から地域振興の名目で八億以上の「匿名寄付金」が支払われる。裏金も横行している。

さらに、大飯町の佐分利《さぶり》小学校は関西電力の寄付で三階建てエレベーター付きのリゾートホテルかと間違うような校舎が作られている。生徒数は全学でわずか六九名に過ぎない。また議員に頼んで、関電の下請け会社に親族を入社させる者もいた。

②マスコミと電力会社の癒着を見ると、「シンパ記者」には電力関連会社への再就職が提供される。具体的には「電力中央研究所」は職員八四〇人、年間事業費が三〇〇億円の規模であるが、大手メディアのOBが「研究顧問」の肩書きで天下っている。電力会社は競争で記者を囲いこんでいる。マスメディアは、電力会社の多額の広告収入に依存している。マスメディアが原発事故の報道に及び腰なのは、以上の理由による。

③電力会社系の独立行政法人や公益法人には多くの官僚が天下っている。各法人は経済産業省、文部科学省、厚生労働省などに系列化されている。

†原子力行政

電力会社は政府、具体的には通産省（のちには資源エネルギー庁）に対して自律性・独立性が高いことを誇りにしており、比較的最近まで天下りをほとんど受け入れていなかった。国家の介入を怖れ、開発、研究事業に国家からの支援を受けていなかった。実は、そのために原子力についての基礎的な研究が遅れる事態となっていた。しかし「東京で停電が起きればパニック、さらには革命が起こる」との懸念から、東電は強い使命感をもって事業に当たっていた。

原発をめぐる法体系を見ると、「原子力基本法」「原子力委員会設置法」「原子力局設置に関する法律」の「原子力三法」がある。

一九七四年に原子力船「むつ」の放射線漏れ事故が発生し、推進と規制とが同一の委員会内で行われることに批判が高まり、一九七八年に原子力安全委員会が原子力委員会から分離された。二〇〇一年の省庁再編の際に原子力安全委員会は内閣府に移管された。

2　繰り返される事故と反原発運動の高まり

†反原発運動の登場

一九七九年三月、米国のスリーマイルで原発事故が起こった。しかし日本の反応は鈍かった。新聞では原発廃止を論ずる社説はなく、日本の「原発安全神話」は揺らぐことはなかった。地元では原発誘致の動きが依然活発であった。

しかし間もなく、発電所建設の現場で事故が相次いだこともあって、反原発運動が登場した。

†高速増殖炉もんじゅと東海村の事故

もんじゅのような高速増殖炉は、ウラン235が枯渇したあと、軽水炉に代わり電力生産を担う原発として期待されている。

一九九五年一二月、動燃《どうねん》（動力炉・核燃料開発事業団）の高速増殖炉もんじゅがナトリウム漏れ事故を起こした。発生後に事故を軽く見せようと、虚偽報告や情報隠しを行っていたことがわかり、非難を受けた。

もんじゅはこの事故の後、通常運転を停止したが、維持運転は続けた。一兆一〇〇〇億円が投じられたが、結局二〇年以上動かず、二〇一六年末に廃炉が決まった（磯村他二〇一九）。

アメリカ、ドイツ、フランスなどは高速増殖炉の建設を予定していたが、経済性の観点から開発から手を引いた。日本は世界で例外的に高速動力炉の建設を続けている。

一九九七年三月には、茨城県東海村の動燃の再処理工場で爆発火災が起き、施設外に放射性物質が漏れるという事故が起きた。

次いで一九九九年九月には、東海村の民間ウラン加工施設JCO東海事業所で臨界事故が起こった（JCO臨界事故総合評価会議二〇〇〇）。国内における初の臨界事故であり、原子力産業で急性放射線障害による犠牲者が出た最初の例である。作業に当たった社員三名は致死量の放射線を被曝し、二名が死亡した。

JCO（東海事業所）では、数え切れないほどのデータ捏造、改竄《かいざん》が暴露されたが、すべて内部告発によって明らかにされた。

原発建設は日本の民主主義に深刻な問いを突きつけている。梶田《かじた》孝道《たかみち》の言う、多数の受益層と少数の受苦層との隠された利害対立という問題である。

†住民による異議申し立て

このように、一九八〇年代以降の原子力開発においては、事故と事故隠しが繰り返された。そのためもあって、住民による異議申し立ても相次いだ。その一例は、一九八一年に福井県敦賀原発の廃棄物処理施設で大量の放射性廃液があふれ出た事故で、日本原子力発電会社はこの事故を隠していた。これは、地元自治体による原発の監視が強まるきっかけになった。

一九九六年八月、新潟県巻町《まきまち》で、原発建設の是非を問う住民投票が実施された。日本初の住民投票であった。結果は、反対一万二四七八（六〇・八六％）、賛成七九〇四（三八・五五％）で建設は否決された。国のエネルギー政策を住民の意思で決めてよいのかという批判もあった。

†原発訴訟の始まり

原発への反対運動のなかで、訴訟という手段が抵抗闘争の一方法として登場してきた。多数の科学者が全力で住民側を支援した。

伊方《いかた》原発訴訟の提訴が一九七三年八月、東海第二原発訴訟の提訴が一九七三年一〇月、福島第二原発訴訟の提訴が一九七五年一月、柏崎原発訴訟の提訴は一九七九年七月。この四つの訴訟が、日本におけるパイオニア的な原発訴訟である。

二〇一一年までに、原子力訴訟は主なものだけでも約二〇件に上った。これらの訴訟はいずれも非常に長い年月がかかったが、福島第一原発事故以前は、住民側の敗訴が続いた。

二〇一二年までに原告側が勝訴したのは、三五件中二件しかない。原発訴訟の最初の勝訴は二〇〇三年である。高速増殖炉「もんじゅ」にかかる原子炉設置許可処分を無効とした、名古屋高裁金沢支部によってであった。これが、日本で初めての住民側全面勝訴となった。提訴から一七年余りが経過していた。国や電力会社はまさか負けるとは思っていなかった。しかしこの判決は二〇〇五年、最高裁で覆された。

先取りすると、二〇一一年の福島原発事故の被災者が起こした福島原発訴訟は、原告の人数が二六〇〇名という大規模訴訟になった。このときは、東電だけでなく国の「不作為」責任を追及した。

「三・一一」以後の八年間で、原発の運転差し止めを命じた判決や仮処分は四件にのぼる。「三・一一」で裁判官の意識も変わった。

†立地における反原発運動と都市の市民運動

立地における地元反対運動の一例として、石川県珠洲《すず》市の例を挙げよう。

既に一九七〇年代に中部電力、北陸電力、関西電力が水面下で珠洲市に、原発建設の働きかけを行った。計画が公表されると「福浦反対同盟」が立ち上がり、用地買収を不可能とした。とりわけ漁協の反対が激しく、裁判闘争に向かった。市民運動と連携して誘致を断念させるに至った。

また、放射能汚染の疑いから、青森県産の野菜が売れなくなった。農業者の反対運動が起こったのも当然である。

反原発運動は単に脱原発を目指すだけでなく、運動としての民主主義のあり方（直接民主主義）や参加者のライフスタイルを問い、「オルタナティブ」な生き方を目指すものでもあった。ベトナム反戦運動と似ていなくもない。原発反対から出発して、食の安全、憲法九条、フェミニズムなどの争点とも関連づけられている。しかし日本の場合、ヨーロッパの運動と比べて（座り込み、ストライキなど）過激な手段をとることが少ない。

原発反対運動は、なんといっても一九八六年四月のチェルノブイリ事故をきっかけとしていた。このとき弘前の大学教員や弁護士などによる市民運動が起こった。この市民運動は農業者による反対運動と一線を画していた。相互理解もなかった。

チェルノブイリ事故を契機として、それまで男性、労組、政党が中心であった反対運動を、大都市圏の女性に広げることとなった。

一九八七年頃から女性を主な担い手として、「反原発ニューウェーブ」とも呼ばれる全国的運動が登場した(長谷川一九九一)。活動の内容は署名運動、講演会への出席、学習会などである。そうした活動は子育ての中での閉塞的家庭生活からの解放を意味した。運動は生協、保育園、団地の自治会などの生活の場でのネットワークを活性化させる効果をもった。さらに路上における歌と踊りは、参加者に解放感を与えた。

†原発を報じるメディア

新聞をはじめとするマスメディアは、原子力開発の推進と安全神話の形成に関わってきた。一九七〇年代半ばには、例えば朝日新聞は慎重にではあるが、原子力の必要性を認めるという社の方針を打ち出し、国民生活に必要なものであるとしていた(上丸二〇一二)。

朝日新聞科学部記者の大熊由紀子《おおくまゆきこ》は朝日新聞に連載して、「原子力は、世の中に言われているほどには、危険でも、汚くもない。資源に乏しい日本では、核燃料に頼らざるを得ない」と書き続けた(上丸二〇一二)。そして市民運動や住民運動は非科学的だと厳しく批判した。エネルギー不足の恐ろしさを心配すべきだ、と。

3　福島第一原発事故

†福島第一原発事故「三・一一」

二〇一一年当時、全国には五四基の原発が存在していた。また原発輸出も展開されていたが、日本では原子力事故は絶対に起こらないという「安全神話」があった。実際、原発ができて数十年の間、大きな事故は起こらなかった。もっとも先に見たように、中小規模のトラブルは頻発していた。

一九七一年に運転を開始していた福島原発一号機は、法定耐用年数は一六年でありながら、二〇一一年「三・一一」の原発事故の時点で四〇年も稼働していた。老朽化し、もう限界にきていた（志村二〇一二）。

また、もしも原子炉を密集させていなければ、それなりの余裕をもって対処できたであろう。しかし、事故以前から原発への不安が広がり、新規用地の獲得が難しくなっていたため、既存の発電所用地に原子炉を集中させなければならなかった。

福島第一原発にいた約一〇〇〇人、第二原発にいた約一〇〇〇人は、事故が起きてから最初の数日、自らの命も省みず献身的に事態の収拾に当たった。そして二〇一一年末までに、放射能による直接の犠牲者は出していない。東電や建設会社は、必死で解決策を模索している。原発の作業員は、被爆のリスクがあるだけに高給であった。現在は必ずしもそうではないようであるが、福島原発から日給三万円だから働かないかとの誘いを受けた者がいる（小出二〇一二）。

†インターネットで広がる反原発デモ

二〇一一年の福島第一原発事故以来、反原発の運動が各地で発生した。東京電力本店前での抗議行動「東電前アクション」が開始された。これがインターネットのUstreamで生中継され、三月二七日には原発事故後初めての一二〇〇人ほどの反原発デモが開始された（栗原編二〇一六）。

四月からはほぼ月に一度のペースで、「原発やめろデモ！」が東京の各地で開催された。このデモは従来の逮捕覚悟で警察と対峙していた運動とは違い、「参加者の安全を確保」する点に特徴があった。合法であり、身の危険がないとわかると、仕事帰りのサラリーマンや散歩ついでに参加するカップルや親子づれの姿も多く見られるようになった。

脱原発運動の主たる担い手となったのは、大都市在住の三〇～四〇代の女性、特に主婦たちであった。彼女たちは、地域で小グループを組織した。また先述の通り、二〇一一年九月には福島原発事故緊急会議が、経産省を取り囲んで「人間の鎖」を作った。ここには、高齢者も多く参加した。

†新しいデモのかたち

実は、一九八〇年以降、沖縄を除いて日本はデモのない社会であった。それが、全国各地でデモが行われるようになった。デモへの参加は「単純に楽しいから」という理由が少なくなかった（瀬戸内他二〇一二）。

二〇一一年四月、東京では「素人の乱」（のちにれいわ新選組を結成する山本太郎が参加）が、若者の街、高円寺で「原発やめろデモ！」を企画した。SNSによる呼びかけで、若者中心に一万五〇〇〇人が集まった。デモ隊の面々は思い思いの楽器を抱えもち、まるでカーニバルのように行進した（伊藤二〇一二）。

次は五月に渋谷で、六月には新宿で、和気あいあいで「ゆるい」非暴力デモが行われた。にもかかわらず一二名の逮捕者が出た。山本太郎は、デモは初体験なので葬列のような列が気になったという（瀬戸内他二〇一二）。このデモも、インターネットなくしては成り立たなかった。

若者ばかりか、三〇～四〇代の服装の自由な高学歴の男女が多数参加した。

こうしたカーニバル的デモに対し、市民運動型デモとも呼ぶべきデモがある。シュプレヒコールを繰り返し、スローガンが声高に叫ばれる。参加者の年齢は総じて高く、白髪の人も多い。中心は良識派の「進歩的」な市民である（伊藤二〇一二）。一九六〇年型の「新しい社会運動・ニューレフト」の再現である。

†日本の反原発運動の特徴

日本の反原発運動は、核兵器廃絶運動とは切り離されている。そして、地元住民と都市の住民との連携から成り立っていた。

チェルノブイリ以降の脱原発運動を分析した長谷川公一《はせがわこういち》によれば、都市住民では三〇～四〇歳代の女性が中核をなす。単にローカルな運動ではなく、全国的広がりをもっていた。参加者、特に主婦はプライベートな閉塞感から、歌と踊り、あるいは学習会、映画会などの運動に参加することで解放されるという側面があった。

反原発運動では、食の安全という観点から、生協とその傘下の「生活クラブ」が重要な役割を演じ、保育園、幼稚園、団地やマンションなど居住地のネットワークが活性化された。

反原発運動は、様々な政党を結成して選挙に臨んできたが、これまでのところ議席を獲得するにはほど遠い。ただ、地方選挙ではそれなりの成果を挙げている(津田他二〇一七)。

社会党、民主党そして国民民主党の支持団体の一つである電力総連は強力な原発推進の団体である。電力総連は、立憲民主党の「原発ゼロ」政策に「経済に悪影響を与える」と批判の声を上げている。

二〇一一年の統一地方選では、世田谷区町選で脱原発を唱えた保坂展人《ほさかのぶと》が当選した他は、脱原発を唱えた地方議会候補者や首長候補者はすべて落選した。

†原発の再稼働へ

福島原発の水素爆発以後、世界の原発建設はほとんどが中止、凍結となった。ところが日本だけは原発建設、輸出に依然積極的姿勢を崩さなかった。

国内での建設は難しくなったので、輸出に活路を見いだそうとした。「事故を起こした国の原発を買うはずがない」という反論を浴びながら、東芝社長の佐々木則夫《のりお》は依然強気で「原発を欲しがっている国はいっぱいある」(大西二〇一七)という姿勢だった。

事故の損害賠償が原因で東電は債務超過となり、事実上国有化された。当時は民主党政権で菅直人首相のもと、実質的決定は官房副長官の仙谷由人《せんごくよしと》が仕切った。東電に巨額の賠償責任を果たさせるためには、原発を再稼働させて収益を上げさせなければならないというのが、仙谷チームの判断であった（大西二〇一七）。東電・東芝は民主党政府のこの判断を知り、政府が原発推進に向かうことを確信した。

菅直人首相は脱原発に向かうが、その後を引き継いだ野田《のだ》佳彦《よしひこ》は再稼働に傾いた。福島第一原発の事故で全国のすべての原発が停止し、それが二年続いた。その後鹿児島県の川内《せんだい》原発を先駆けとして再稼働に入る原発が次第に増えている。

†納税に加え、損害賠償費用の負担金も

原発にかかる多額の費用はすべて国がもつというのが、原発のシステムである。要するに納税に依存しているのである。

さらに福島原発事故以後、電力会社は損害賠償費用捻出のために負担金を支払うようになったが、この負担金はすべて電力料金から徴収してよいことになった。これは各家庭にわたす電気料金明細書に記載することなく（つまり電気料金を支払う側が知らぬ間に）徴収され、国民の追加負担となった。世帯当たり月平均一五〇円以上を支払っている。

4　使用済み核燃料サイクル施設・六ヶ所村

原発を建設すると、使用済み核燃料の処分という問題が生じる。青森県六ヶ所村では、使用済み核燃料再処理（リサイクル）工場が一九九三年に着工され、二〇〇〇年に完成予定とされた（二〇二〇年一月時点でアクティブ試験中）（舩橋他二〇一二）。

†石油化学コンビナート誘致の失敗

かつて六ヶ所村には三沢米軍基地が存在した。ここには最初、石油化学コンビナートが建設される予定であった。農地や宅地を手放させようと、土地ブローカーや県職員が暗躍した。ところが参入する企業が皆無であった。用地買収が終わってから一〇年近く、放置され荒廃していた。

このコンビナート建設に反対して闘ったのは主婦たちであった。男性は忙しすぎるし、旨い話に誘惑されやすい。実際、それまでに見たこともない多額の金額を手にして、反対運動から脱落する者が後を絶たなかった。しかし、それ以前にコンビナートを建設した鹿島臨海工業地帯をみると、御殿のような家に住みながら、働く意欲を失っていた実情がわかった。

†割れた六ヶ所村

一九八四年四月、電気事業連合会が青森県に対し、核燃料サイクル基地の立地を要請した。大型企業の誘致と受け止められたが、県にとっては雇用機会の確保が重要であった。

六ヶ所村は六つの地区に分かれた集落の集合体である。漁業や酪農、農業など、それぞれの地区に区別され、村議会は地区の代表であった。一九七〇年の時点で、青森県は日本で最も貧しい地域の一つであった。しかし青森県の他の市町村でも見られるが、政争が激しく一九六〇年代半ばまで更生会と暁友会という二大派閥が与野党に分かれて村長選を争ってきた。核燃料サイクル施設で村は真二つに割れた。

しかし地元は「海は澄んで空の青さが海にとけるような清々しさ」であり、「自分たちで採った新鮮な野菜をたべ」「東京では一〇万円なくては暮らせないとしても、六ケ所では五万円で暮らせる」「老人にも磯で海藻をとる、ワカメをほすなどの仕事がある」。甚だ都会的発想ではあるが、原発反対から生まれた「反省」である。

†再処理施設は必要か

この六ヶ所村再処理工場について、アメリカ政府は「日本には既に相当量のプルトニウムの備蓄があり、これ以上増えないことが望ましい」「分離済みプルトニウムは核兵器に使うことができ、我々の基本的考え方は世界における再処理は多いよりは少ない方が良いというものだ」と警告した（津田他二〇一七）。

再処理施設の実用化がなかなか進まないために、プルトニウムが余ってきている。フランスとイギリスに使用済み核燃料の再処理を委託し、抽出されたプルトニウムは次々に日本に運ばれている。諸外国は、日本は核武装に向かうのではないか、との懸念を表明している。

再処理は非常に高くつく。再処理をしないで地中深く埋めたほうが安価である。再処理の目的は、プルトニウムを発電に使おうというところにある。現在核燃料となっているウランもやがて枯渇する怖れがあるからである。高速増殖炉の使用済み燃料をまた再処理して回してやれば、一〇〇〇年以上もつようになる（大島二〇一〇）。

また、リサイクルしなければ、核のゴミがたまることになる。再処理工場が機能しなければ、六ヶ所村は単なる「核のゴミ捨て場」となる。

核燃サイクル施設関連で予算上最も大きいのは、施設の建設投資である。作った「ハコモノ」は維持費に多額の費用がかかる。

この再処理工場の危険性は、平常運転時でも、原発とは桁違いに大量の放射性物質を放出し、環境を汚染するところにある。

ちなみに、プルトニウムは持ち運びが便利で、缶に密閉しさえすればどこにでも運べる。しかし放射性物質の中でもプルトニウムは特に危険性が高い。アルファ線という人体に最も有害な放射線を大量に出すし、一度体内に入ると容易に排泄されない（小林一九九四）。

5　原発と政治・経済

†族議員がいない政治過程

原発の政策決定過程の特徴は、族議員がいないことである。原発政策は経済産業省と電力会社との間だけで決まる。

東電の副社長の一人は、経産省出身者がなることが慣例となっていた。電力会社やエネルギー関係の団体五六法人に経産省の出身者が少なくとも一〇三人が天下りをしている。

電力会社は有力な学者に多額の研究費を寄付し、電力に有利な研究結果を出させる。東京大学が特に目立つ。

†政府による原発事故対策

大規模な事故が起こるとどうなるのか、政府は早くから検討を行ってきた。一九五九年、科学技術庁が業界団体たる日本原子力産業会議に委託して調査を行わせた。結果は、福島第一事故の三分の一程度の事故であっても一兆円の被害が出るというものであった。当時の国家予算は一兆八〇〇〇億であったから、いかに大きな額であったかがわかる。しかし科学技術庁はこの報告を公開しなかった。政府が危機意識をもたず、福島第二原発事故で不意打ちを食ったわけではないことが、これでわかる（大島二〇一〇）。

ところで日本は原爆をもたないが、中国が核をもった以上、いざとなったらいつでも原爆を作れるようにしておこうという方針が、政治エリート内部で合意を見ている。

†民主党政権による脱原発宣言と規制の強化

日本の地球温暖化研究は世界の最先端である。鳩山由紀夫は、二〇〇九年九月の国連気候変動首脳会合で、二酸化炭素の削減目標を国際公約した。そのために民主党は新たに原発一基の建設を決めるという、原子力推進政策を表明した。

しかし福島原発の事故を受け、菅直人首相は二〇一一年七月、「日本の原子力政策として、原子力発電に依存しない社会を目指すべきであり、計画的、段階的に原発依存度を下げ、将来は原発がなくてもきちんとやっていく社会を実現していく」と画期的な脱原発発言をした。そして、エネルギー関係閣僚からなる「エネルギー・環境会議」を設置した。

二〇三〇年までに「原発稼働ゼロ」を可能にすることが謳われた。こうした方針は国家戦略会議で決められたが、民主党政権は間もなく終焉し、具体策が打ち出されないままに終わった。

他方、民主党政権下で二〇一二年九月、経産省原子力安全・保安院が廃止され、原子力規制委員会が設置され、その事務局として環境省原子力規制庁が設置された。これは規制機関の独立という意味で一歩前進であった（吉岡他二〇一五）。

†原発の海外輸出

一九八〇年代まで、重電三社（三菱重工、東芝、日立）を中枢とする日本の原子力施設建設産業は、国内電力会社から新規建設をコンスタントに受注していたので、海外に進出しなくてもよかった。

ところが一九九〇年代に入ると、着工基数ゼロの年が続くようになった。さらに原子炉の運転期間を従来の四〇年から六〇年に延長することも可能になったことで、新規建設は長く低迷することが予想された。そうなると産業側は、人材と技術の維持が困難となる。そこで「原子力産業の国際展開」、すなわち原子力プラント輸出を考えざるを得なくなった（津田他二〇一七）。かくて、東芝らは米国、フランスなどと手を組んで、ベトナム、トルコへと原発輸出を展開した。

三・一一後、第二次安倍内閣の下で、経産省出身の今井《いまい》尚哉《たかや》が首相政務秘書官に就任し、「原発建設をやめると技術者がいなくなる」と安倍を説得した。実はアベノミクス第三の矢「成長戦略」のなかで、数少ない具体的なものが原発輸出戦略であった。

まず最初に、トルコへ原発を輸出した。そのために、安倍首相は直々にトルコを訪問した。日本と同じように地震があるトルコは、菅直人が原発輸出に警告を発した後も、日本から原発を買いたいという姿勢を変えなかった。事故によって、むしろ日本のメーカーに貴重なノウハウが蓄積されているはずだと考えたからである。

6　ドイツの脱原発

†すべての原子炉を廃炉へ

最後に、福島第一原発事故のあと、日本と対照的な決断をしたドイツの例を検討しよう（熊谷二〇一二、二〇一六）。

ドイツでは福島第一原発事故の影響を受けて、二〇一一年六月、運転開始から三〇年以上経っていた原子炉八基を廃炉にし、残りの九基についても段階的に停止することを決めた。

ドイツの首相アンゲラ・メルケルは、物理学者であった経歴から原発についても詳しいが、「日本ほど科学技術が進んだ国でも、原発事故を防げなかった」と、ドイツの原発を全面的に廃止する方に方針を転換した。彼女はそれまでは原発促進派だった。

一九八六年に起きたチェルノブイリの原発事故は、ドイツにとっては衝撃的事件であったが、技術水準の低いソ連の出来事であると考えられ、教訓とすべき事件ではなかった。ところが福島の事故は、ドイツと同水準の技術を有する国の事故であって、大きな衝撃を与えたのである。

ドイツ政府は、福島事故の四日目に早くも三カ月の「原子力モラトリアム」を発令し、緊急検査（ストレステスト）を命じた。ドイツでは日本のような大地震や巨大津波は起こり得ないにもかかわらず、である。唯一考えられるのは「九・一一」のような航空機を利用したテロであった。だが、テロリストは原発それ自体を狙う必要はない。外部電源やアクセス道路を破壊してしまえばよいからである。

†反原発デモと緑の党の躍進

また、福島第一原発の事故のあと、ベルリンやミュンヘンなどで二五万人が参加する反原発デモが行われた。選挙では緑の党は大躍進を遂げた。ただ、ドイツ人は福島の被災者に同情することなく、自分たちの安全だけを声高に主張するばかりであったという批判も出た。

主要工業国のなかで、福島第一原発事故をきっかけとして、事故発生から四カ月も経たないうちに原発政策を大きく転換させた国は、ドイツ以外にない。もっとも、ただちにではなかったが、スイス、イタリアも脱原発を決定した。フランスも原発減少の方向に向かった。

緑の党は、一九八〇年一月、全国で散発的に活動していた環境保護主義者を結集し、議会を通じて活動すべく結党された党である。チェルノブイリ事故が彼らの運動を後押しした。ところが地球温暖化が深刻な争点として登場することで、緑の党の反原発運動は大きな壁にぶつかった。メディアも原発問題よりもグローバル温暖化を問題とするようになったからである。

†不足する電力をどう補うか

ドイツは大量の電力を輸入している。原子力発電をやめても、フランスやチェコから原発を利用した電力を輸入し続けており、これは偽善と言われかねない。そこで、二〇五〇年までに北アフリカ諸国やスペインで太陽光によって作られた電力を輸入する構想が生まれた。

原発の廃止で不足する電力はどう補うか。長期的には風力や太陽光などの再生可能エネルギーによって代替する。しかし、太陽光発電は決して安全というわけではない。

太陽光発電で必要な電力を発生させるには山手線の内側ほどの土地が必要である。また、発電施設を造るのに必要な、コンクリートや鉄のような材料の生産に伴う犠牲者や、建設工事の事故による犠牲者が無視できない（藤沢二〇一二）。

また現状では大きな電力を蓄えることが可能な蓄電池を、現実的コストでつくることは可能になっていない。太陽光発電は蓄積するのが難しく、高価であるという難点がある。

第六章　民主党政権

1　政権前夜

†小沢一郎の下、参院選第一党に

一九九八年、(新) 民主党が誕生し、(郵政解散時での惨敗は別として) 徐々に議席を伸ばし、非自民政権の政治家たちを吸収しつつ野党第一党にまで成長した。ただし小沢一郎率いる自由党との合併によって、異質な分子を抱え込み政策面での統一性を失う危険を犯した。

二〇〇六年、民主党は近い将来予想される総選挙に備えて、小沢一郎を代表に、菅直人を代表代行に、鳩山由紀夫を幹事長にした。その基本的スタンスは、小泉改革を否定し「国民の生活が第一」路線をとったことである。

小沢は選挙にあたって政党交付金の配分を独断で決定し、苦しい選挙区の候補には大量の資金をつぎ込んだ。例えば、二〇〇七年の参院選で中京女子大学（現・至学館大学）学長の谷岡《たにおか》郁子《くにこ》（愛知選挙区）には七九〇〇万円を支給した（読売新聞「民主イズム」取材班二〇一一）。通常は一律に配布されるものであるにもかかわらず、である。

政治資金を独占的に決定、配布する権力を小沢は掌中《しょうちゅう》にし、他の政治家に触れさせなかった。それによって自らの権力を維持していた。多く受け取った候補者が小沢を支持するようになるのは自然の勢いである。小沢はまた自身で地方を回り、労組幹部や地域・職域団体の長を訪ねて支持を依頼した。

二〇〇七年七月の参院選の直前に、民主党は社民党と国民新党との選挙協力を決めた。亀井静香を党首とする国民新党は、「郵政民営化の見直し」など小泉改革の否定を党是《とうぜ》とする政党であり、民主党はこの路線を承認した。そして民主党はこの選挙で躍進し、参院第一党になった。政権獲得を睨む姿勢となったのである。

ところが二〇〇九年三月、小沢の資金管理団体「陸山会《りくざんかい》」の会計責任者で小沢の腹心の第一公設秘書、大久保《おおくぼ》隆規《たかのり》が準大手のゼネコン西松建設から政治資金を受け取ったとして、政治資金規正法違反で検察により逮捕、起訴された（陸山会事件）。

小沢は「全くやましいところはない」と弁明したが、続投か辞任かで二転三転したのち、民主党の支持率も下がり、世論の圧倒的辞任要求もあって、結局、小沢は民主党代表辞任を余儀なくされた。第四五回衆議院議員総選挙の直前である。

†鳩山代表体制で迎えた二〇〇九年総選挙

民主党には衝撃が走り、代表選挙では激しい集票合戦の末、鳩山由紀夫が岡田克也を破って代表に就任した。なお僅差で敗北した岡田はいわゆる「郵政選挙」における民主党敗北の責任をとって代表を辞任しており、反小沢の急先鋒であった。国民には岡田のほうが人気があった。

代表に決まった鳩山は、岡田を幹事長に、そして小沢を選挙対策本部長にして候補者の公認、選挙資金を小沢に任せた。公認などは、本来は幹事長たる岡田の仕事であるが、鳩山は政権交代を目指した次の総選挙の指揮を「選挙のプロ」との評判をもつ小沢に任せたのである。

小沢はその立場から全国をコツコツ回り始めた。小沢の手法は駅前や繁華街ではなく、人の少ない山間部に出かけ、そこからの噂が広まるのに期待するという一風変わったものであった(大下二〇〇九)。十数人の秘書団を動員して、各選挙区の情勢を判断しつつである。一方、岡田は得意の政策立案に回った。

†民主党のマニフェスト

民主党はマニフェストの一つ目として、国会議員約一〇〇名を閣僚、副大臣、政務官、大臣補佐官などとして各省庁に配属することを掲げた。政治主導を貫徹するためである。この案は、小沢の年来の主張である。実際には、小沢は内閣主導と言いながら、例えば二〇一〇年度の予算編成に対しては、幹事長の立場から党の要求を突きつけて、これをのませた（薬師寺二〇一二）。

二つ目に、省庁間の調整を官僚任せにせず、「閣僚委員会」を設置して関係閣僚が協議することとした。事務次官会議は当然廃止である。

三つ目に、外交や予算の骨格の決定は、首相直属の「国家戦略局」が担当することとした。

四つ目に事務次官、局長などの幹部人事は政治主導の下で、幹部人事制度を設置した。

五つ目に天下りを全面的に禁止した。

いずれも野心的な構想である。これによって官僚主導の政治からの脱皮が実現できるかどうかは、民主党の力量によるとされた。

ところで、マニフェストという手法は周知のようにイギリスからの輸入である。民主党のマニフェストは労働党党首のトニー・ブレアのものを参照している。マニフェスト作成の中心となったのは福山哲郎であった。

†民主党を支えた組織

民主党には、連合（日本労働組合総連合会）、日教組（日本教職員組合）、自治労（日本自治団体労働組合）、電力総連（全国電力関連産業労働組合総連合）、自動車総連（全日本自動車産業労働組合総連合会）など労組の他は、党を支える組織がない。もっとも連合の組合員は無党派層が多い。労組の支援は、票というよりポスター貼りなど労力の動員が主たるものであった。

むろんこれらの組織は、組織内候補には政治資金を提供した。例えば参議院議員の輿石東《こしいしあずま》への献金団体としての日教組が、二〇〇六年には六〇〇〇万円を献金している（産経新聞政治部二〇〇九）。また民主党には八人の日教組出身議員がいる。代表の個人的人気を別とすれば、二〇〇七年の参院選では労組の力が大きくものをいった。

話題の先取りになるが、政権獲得後は、政府・連合トップ会談を毎月行うようになった。また鳩山内閣には「（労組からの）組織内議員」が七人入閣している。仙谷由人が行政刷新相に任命されたが、自治労の支援を受けた仙谷に公務員制度改革ができるのかという批判を受けた。

他方、一九九八年の民主党結成時に旧社民党から大挙して移った事務職員が、党の政策に影響を及ぼしていた（産経新聞政治部二〇〇九）。

†四〇代中堅議員の活躍

実は、当時の民主党には四〇代を中心に中堅議員が多かった。自民党議員は世襲が多く、そうでない者には参入が難しいため、いきおい民主党から立候補したのである。中選挙区ならば無所属で立候補して、当選すれば自民党に入党できたが、小選挙区ではそうもいかない。民主党に人材が集まったのはそのためであった。

彼らが二〇〇九年の民主党の勝利に貢献した。二〇〇九年八月総選挙のマニフェストには世襲制限が加えられた。

†小沢ガールズの擁立と「国民の生活が第一」の継承

こうして二〇〇九年の総選挙で、民主党は三〇八議席を獲得して圧勝、自民党は一一九議席に留まった。

実質的に選挙を取り仕切った民主党代表代行の小沢は女性候補を多数擁立し、彼女たちは「小沢ガールズ」と呼ばれた。選挙では鳩山の「友愛社会」をスローガンにし、マニフェストは「国民の生活が第一」を継承した。この中で特に子供手当が人気を博した。また高速道路無料化や、「新しい公共」(「コンクリートから人へ」)などの政策も好感をもって受け止められた。

また、それまでの高齢者の方に傾いていた社会福祉を若者や子育てを重視するように転換したが、これは小宮山洋子のイニシアティブによってであった。政治主導、内閣の下での政策決定に一元化、自民党型事前審査制批判、官僚主導からの脱却、事務次官会議の廃止なども提唱した。

2 政権獲得

†三党連立政権

こうして、社民党（党首、福島瑞穂）と国民新党（党首、亀井静香）との三党連立で、鳩山由紀夫民主党内閣が誕生した。参議院で社民党は五議席、国民新党も五議席であった。社民党（特に辻元清美）としては、連立参加には民主党内の右派の勢力を抑制する狙いがあった（山口他編二〇一四）。

閣僚人事は全て鳩山の一存で決めた。閣僚人事については小沢の影響を完全に排除したのである。国民の支持は高く、内閣支持率は七一％にまで上昇した。

鳩山内閣の内政上の成果としては、①診療報酬の一〇年ぶりの引き上げ（医師不足の解消のため）、②公立高校の授業料免除、③求職者支援制度の創設、④雇用保険の非正規雇用者への適用拡大、⑤生活保護の母子家庭予算への支給等々を挙げることができる。

マニフェストで実現できなかったものは、財源の不足からであった。例えば、ガソリン税率の廃止、高速道路の無料化、子供手当の全額実施の断念などである。「チルドレンファースト」のかけ声にもかかわらず、財源不足から、子供手当を中学卒業まで二万五〇〇〇円にという目標は実現できなかった。

†民主党型利益誘導政治の誕生

民主党が政権をとると、日本医師会、日本歯科医師連盟、日本看護連盟などが民主党支持にまわり、二〇一〇年の参院選で応援した。

実はそれまでは、こうした団体が陳情に行っても民主党は会ってもくれないという状況だった。これらの団体が、自民党の支持母体だったためである。ところが医師会は診療報酬などの問題で「賛成できる政策である限り民主党を応援する」と態度を豹変させた（日本再建イニシアティブ編二〇一三）。全国農業者農政運動組織連盟、農業協同組合（ＪＡ）なども同様である。

しかし地方（選挙）では、こうした団体は自民党との密接な関係にあり民主党への転換は難しかった。

民主党は業界団体や地方自治体からの陳情の窓口を、小沢幹事長に一本化した。高速道路建設も選挙対策として重要で、民主党型利益誘導政治が生まれたといってよい。

輿石東は一票の格差を是正する選挙制度改革を通じて公明党を取り込み、民公連携を模索した（清水二〇一三）。

†外交政策

外交面では、鳩山内閣の「東アジア共同体構想」は米国はずしと受け取られ、オバマ大統領も懸念をもち画餅に終わった。鳩山自身は決して米国を排除するつもりはなかったが、それまでの自民党政権による米国一辺倒には批判的であった。岡田克也外相は明確に米国を排除していた。

この構想の挫折の背景には、東アジア共同体に米国が入るとも、入らないともわからないという曖昧さがあった。鳩山は日中韓首脳会談で「今まで米国に依存しすぎていた。アジアをもっと重視する政策を作り上げていきたい」とオバマに懸念を与えるような発言をした。

小沢は「日米中正三角形論」を唱え、「等距離外交」を含意する発言をして、オバマの懸念をさらに増幅した。小沢の親中路線は、総勢六〇〇人の大規模な国会議員の訪中団を組織して訪中したのがその典型である。

また、民主党政権は二〇一〇年、インド洋での多国籍軍への補給を中止した。アメリカから距離をとる姿勢を示したわけである。

続く菅直人首相も、野党時代には在沖縄海兵隊の海外移転を持論としていた。しかし菅は、外交・安全保障に関心も自信もないのが実情で、仙谷由人官房長官に丸投げしていた（阿比留二〇一二）。竹島、尖閣諸島問題でも民主党は弱腰であった。

†政治主導システムの構想

さて、民主党は公約で「政府と与党を使い分ける二元体制から、内閣の下での政策決定に一元化へ」と謳った。この内閣主導の「政治主導」システムを構想したのは官房副長官の松井孝治《まついこうじ》と衆議院議院運営委員長の松本剛明《まつもとたけあき》であった。

小沢も内閣一元化が年来の持論であり、政調会を廃止した。鳩山は公約に沿い、首相直属の国家戦略室を新設した。官民からスタッフを募り、予算の基本方針などを司る政策決定の司令塔と位置づけた（清水二〇一三）。

次いで菅直人副総理は、戦略室は複数年度を視野に入れるとし、トップダウン型の予算編成を謳った。しかし、戦略室は中期的戦略の考えから予算戦略のみに従事し、毎年の予算編成は従来通り財務相の任とされた。安全保障については視野の外であった。

鳩山内閣は、小泉時代に作られた経済財政諮問会議を廃止した。そのためもあって、予算編成のためにかえって財務省に依存することになった。財務省が復権を果たしたといってよい。マスメディアはこれを財務省支配と呼んで批判した。

ところで、鳩山は「日本列島は日本人だけのものではない」と述べ、一九九六年六月の『論座』への寄稿で、永住外国人への地方参政権の付与を主張した。また労働者派遣法を準備した。

†民主党内の力学

成立当時の民主党政権は鳩山首相、菅直人副総理、小沢幹事長の「トロイカ体制」だったが、小沢が強い影響力を発揮していた。小沢の背後には、約一五〇人の小沢グループの存在があった。民主党では「派」とは呼ばず「グループ」と言う。しかし実態は派閥と大して変わりはない。ただし複数のグループに加わることは可能であった。

党役員人事はすべて小沢が決めた。「小鳩政権《こばとせいけん》」と呼ばれた所以である。小沢は政策決定には関与せず、幹事長として何よりも二〇一〇年の参院選での単独過半数確保を自らの使命とした。参院の重みを痛感していたからである。一二ある二人区で二人の候補者を擁立して独占を目指すことが、その基本戦略であった。二人目の擁立にはむろん現職の反発があったが、小沢はそれを押し切った。

鳩山は、副総理で国家戦略担当相たる菅直人が第二の首相になることを警戒し、岡田外相も国家戦略室（のち局）が外交・安全保障政策にかかわらないようにした。外務大臣の権限を侵すというのであった。

他の閣僚もあまりに官邸主導になることを警戒した。国家戦略局の意義を全く認めていなかったのである（山口他編二〇一四）。

3　政権維持

†菅首相の下での小沢はずし

二〇一〇年七月の参院選を前に支持率が低下し、党内からの退陣要求を前に、鳩山は就任八カ月で自ら首相を辞任し、同時に小沢幹事長を辞任させ（鳩山に辞任を迫ったのは小沢である）、菅直人を代表に就任させた。

菅には党内の保守派議員からの反発が強かったが、彼自身も反小沢色を鮮明にした。内閣、党役員人事では、徹底した小沢グループはずしを行った。小沢は幹事長から外れると、それまでの政治資金へのアクセスを失い、小沢グループを結束させることができなくなった。

菅は若手を大臣や党の要職に起用し、人気を回復しようと試みた。彼は当面、財政再建を最大の課題とすることとし、消費税増税を掲げた。

菅の人気は上々だったが、参院選では予想どおり野党・自民党に敗れ、過半数を失った。菅の「消費税一〇％への引き上げ」が響いた。かくて、衆参はまたもやねじれ国会になった。ついで九月の代表選で小沢と菅が争うが、菅が勝利をおさめた。菅は、有識者を集め「社会保障改革集中検討会議」を新設し、トップダウンの首相裁断《しゅしょうさいだん》で民主党内の異論を封じ込めた。ただし、菅は首相になるや政調会を復活させている。官邸主導をやめ党主導で行くことにしたのである。

†震災対応の不手際で不信任案提出へ

二〇一一年一月に、菅は内閣改造を行った。一方、小沢は陸山会事件で強制起訴され、党員資格を失った。

そんな中、二〇一一年三月に東日本大震災が起こり、大津波、原発事故を併発した。

六月、国会で党首討論が行われ、自民党の谷垣禎一総裁が菅内閣の震災への対応の不手際を厳しく追及し退陣を迫った。次いで谷垣と山口那津男《やまぐちなつお》公明党代表は、内閣不信任案を衆議院に提出した。

民主党内で小沢グループ七〇名が、不信任案賛成を表明した。小沢と連携してきた鳩山グループも同調の構えを見せたが、最終的には自主投票に決めた。

不信任案は否決に終わったが、いずれ菅は退陣するという観測が民主党内に広がった（読売新聞政治部二〇一一）。予想どおり菅は九月に辞任、ほとんど見るべき成果もなく、一年三カ月の任期で終わった。

菅が退陣することになると、民主党幹部の間では自民党との大連立構想が浮上した。震災・原発という非常時に対応するためであった。谷垣禎一総裁は大連立に積極的であったにもかかわらず、自民党内での反対が強くこの構想は潰された（読売新聞政治部二〇一一）。

4　普天間基地問題

†基地返還の日米首脳間合意

普天間《ふてんま》基地問題は、民主党の最初の躓《つまず》きの石となった。

さかのぼると、一九九五年九月の米海兵隊員による少女暴行事件をきっかけとして、沖縄では大規模な基地反対運動が起こった。時の橋本首相がクリントン大統領に普天間基地の返還を求めて、一九九六年四月に基地返還を日米首脳間で合意した。県内の代替施設に機能を移転することを条件に、当時は五～七年で返還するとの合意がなされた。

そして甚だしい紆余曲折を経て、二〇〇六年五月、小泉内閣の時期、普天間飛行場の移設について、いったんは辺野古のキャンプ・シュワブの沿岸にV字型滑走路を建設するという「キャンプ・シュワブ沿岸案」でまとまった。この時期には、沖縄の首脳陣は保守系政治家によって占められていた。

しかし返還はスムーズに行かず、特に民主党政権時代に迷走した。鳩山は二〇〇九年の選挙戦中、基地は「最低でも県外へ」と訴えていたが、具体的な移転先に目処があったわけではなく、この問題は迷走する。もっともこの「県外」発言で、民主党の支持は特に沖縄で上昇し、政権交代を後押しする一因となった。政治的効果は抜群だったのである。

ただ、鳩山にはこの時点では、普天間基地問題が後に内閣を揺るがす重大な問題になるという認識はなかった。彼は人が聞きたがることを言ってしまう癖があると評されるが、「県外」もその一例であった。鳩山は沖縄訪問の際、「学べば学ぶほど抑止力が必要との思いに至った」と述べ失笑を買った。

おそらく鳩山の最大の問題は、膨張を続ける中国の脅威を全く無視していたことにあった。米側は中国の脅威を最も重大と考えていた。

†国外移転も可能と考えていたアメリカ

実は二〇一一年一一月に、（沖縄基地問題を手がけてきた、日本でも著名な）元米国防次官補ジョセフ・ナイは『ニューヨーク・タイムズ』への寄稿で、「沖縄県内に海兵隊を置く必要はない。……オーストラリアに移すのが賢明な選択だ」と述べたが、日本の主要メディアでこれを報じたものはない。

普天間基地問題に長く関わってきた元米政府高官は、匿名を条件に琉球新報の記者に対し「在沖縄海兵隊そのものは（中国の膨張主義に対する）抑止力に不可欠な軍事的役割を担っていない」と述べ、県外、国外移転は可能だとの判断を示した。

†沖縄および国際情勢

実は九・一一直後の小泉首相の下で、在日米軍基地再編の問題が始まっていた。二〇〇四年八月には沖縄国際大学に訓練中の米軍ヘリコプターが墜落した。小泉首相は、普天間基地の移設に熱心で、防衛庁をサポートして解決のために尽力した。また、防衛庁が熱望していた省昇格（「防衛庁の悲願」）、三流官庁であるという眼差しから脱出したいとの願望）にも理解を示し、その実現を約束していた。

沖縄に移転先を飲ませるために、政府は毎年莫大な振興予算を付けていた。地元がそれで潤っていた。基地の返還と代替地の選定において沖縄の指導者たちは、タフなネゴシエーターであり、振興策の要求などでは巧みな交渉相手であることを証明した。また、地元の建設業者も基地建設をめぐる利権に敏感であった（基地移転をめぐっては利権の構図〈建設業界、鉄鋼業界、カジノなど〉があった）。もっともこの点で言えば、沖縄の知事、市長なども「反対したほうが振興策をとれる」としたたかな姿勢を見せている（仲新城二〇一五）。

さらに国際環境の面から見ると、二〇〇三年から米軍はグローバルな再編を始め、普天間基地の移転もその一環としての意味をもつことになった。

†アメリカとの合意を反故に

二〇〇九年、民主党が政権をとった時点で、普天間基地問題は解決に向かっているように見えたが、代替施設の建設工事は始まっていなかった。一九九五年の海兵隊の少女暴行事件でこの問題が俎上にのぼってから、既に一二年以上が経過していた。しかも鳩山は移転決定を二〇一〇年五月末と公約してしまっていた。

自民党政府が、日米合意に基づき普天間から辺野古《へのこ》への移設について計画案を具体化すべく動き始めようとしていたまさにその時に、民主党政権が誕生し、全面的な見直しを宣言した。しかも鳩山代表は選挙期間中先の「最低でも県外移転」を繰り返していた。その他の民主党候補者も「県外」「国外」を繰り返していた。米側は、自民党政権との日米合意の実行を求めたにもかかわらずである。

来日したオバマ大統領は、鳩山首相に普天間基地問題の迅速な解決を望み、これに対して鳩山は「トラスト・ミー」と応えたことが、世論で揶揄されるような形で有名になった。

鳩山の発言は場当たり的で二転三転する。そもそも鳩山はそれまでに基地問題を真剣に考えたことがなかったのではないか、と思わせる。

また持論として「常時駐留なき安全保障」構想を示しているが、これは「必要なときにだけ米軍に来て、守ってもらう」というもので、抑止論を無視しており、米国には到底受け入れられるものではなく、対中脅威感が欠如していると指摘された（森本二〇一〇）。

二〇一〇年に、尖閣諸島周辺で中国漁船が日本の巡視船に体当たりしてきたことで、離島といわれる八重山《やえやま》諸島では、高校生ですら「中国が攻めてくるかも知れない」と危機感をもった(仲新城二〇一五)。石垣市でも同様である。

†迷走する移転先

さて、鳩山首相は普天間基地の移転に本格的に取り組み、再度審議を行い移転先にまず徳之《とくの》島《しま》を挙げたが、島内では猛烈な反対運動が登場した。そもそも徳之島は沖縄とともに米軍に占領された経験があり、米軍に対する反発が特に強かった。

普天間基地問題は、鳩山内閣が散々迷走したあと、二〇一〇年四月末、自民党時代に日米が合意した案、すなわちキャンプ・シュワブにV字型滑走路を二本建設する案に回帰した。しかし、名護《なご》市では移設反対派の市長が当選しており、地元が受け入れる可能性はなくなっていた。

普天間基地の移転問題で、社民党は政権を離脱し、これが鳩山内閣退陣につながった。参院選を戦うには鳩山・小沢体制では無理だと判断されたわけであった。参院選の陣頭指揮をとっていた小沢にとって、社民党の離脱は痛打であった。

ただしこの後、二〇一一年度予算の成立のため、菅内閣は社民党の協力を(首相自ら福島瑞穂に頭を下げて)求め、社民党は連立に復帰した。

なお、社民党は普天間基地の移転先として硫黄島《いおうとう》かグアムを挙げており、グアムの知事に面会した。知事はこれを拒否したが、社民党は依然としてこの案に固執した（森本二〇一〇）。

†現在までの展開

辺野古移設工事の中止を翁長雄志《おながたけし》知事が決め、政府は福岡高裁に知事の命令執行停止を求める提訴を行い、代執行《だいしっこう》手続きをめぐる訴訟になった。そして二〇一六年には、「見るに見かねた」福岡高裁が割って入って、和解勧告をする事態となり、泥沼化の感が広がった（森本二〇一〇）。

5　野田佳彦内閣

†消費増税の実現

菅の退陣のあと、野田佳彦が新代表に選ばれた。知名度は高くないが、小沢とは距離をとってきたことで反小沢グループには受け入れやすかった。

野田は庶民性と安定性を感じさせるパーソナリティで、菅とは対照的に自民党とも小沢とも対決を避けた。そして、保守を自認し「中庸」を目指すとのスタンスをとった。

幹事長には、小沢に近い参議院のドン輿石東を任命した。そして、社会保障と税の一体改革に取り組んだ。具体的にはまず、消費税の引き上げに踏み出したのである。小沢はこれに強く反発し、離党して新党結成に向かうとも懸念されたが、野田は消費税引き上げに踏み切った(読売新聞政治部二〇一二)。谷垣禎一自民党総裁は消費税増税実現に協力した。

†その他の政策

野田は就任のときから、「北朝鮮拉致問題は自分の大きなテーマだ」と述べていたが、進展させることはできなかった。また、この政権では小沢幹事長が陰の実力者として力をふるい、二重権力構造と呼ばれた。

他方、鳩山時代に始まった独立行政法人と公益法人を対象とした予算削減たる「事業仕分け」(行政刷新大臣が主導)は国民の喝采を浴びた。しかし実態は財務省の影響下に置かれていた。

またTPP(環太平洋パートナーシップ協定)参加に意欲を示したが、むろんこの関税撤廃路線に農業団体は強く反対し、前途多難を予感させた。TPPについては、選挙地盤の弱い若手議員の多くが反対し、山田正彦元農相が率いる「TPPを慎重に考える会」に結集した。

†事前審査制の再導入

野田は首相就任早々、政府が政策を決定する前に、原則として政調会長の了承を得るという事前審査制を再導入した。鳩山首相が政調会を廃止し、政策決定を内閣に一元化したことを覆したのである。政策審議から蚊帳の外に置かれた一般議員からの不満が高まっていたからであった。

鳩山内閣発足時に政調会がなくなったことで、若手議員はすることがなくなってしまった(藤村二〇一四)。野党時代には政調会は、若手議員が政策立案能力を養う場であった。しかし小沢は、若手は政策立案能力より地元活動で選挙に備えることを優先すべき、という考えであった。小沢が陸山会問題で勢力を削がれると、若手の不満が噴出し、政調会復活論が登場したのであった。

†小沢グループの離脱

野田内閣の消費増税に反発し、二〇一一年一二月に小沢グループのうち九名が離党した。さらに二〇一二年七月、小沢グループは、小沢が作ったとされるマニフェストを守ろうと消費税増税に反対し、離党して「国民の生活が第一」党を結成した。

ところで、そもそもマニフェストは、状況の変化（景気の変動や大規模災害など）に柔軟に対応することを難しくするもので、マスメディアなどから「マニフェスト違反」「嘘つき」と非難される原因となった。マニフェストを批判する政治学者は（それまでマニフェストを提唱していた学者も含め）、数年先まで状況を予測できるはずがないという。その現実を見て、政調会長だった細野《ほその》豪志《ごうし》は「理念を掲げるだけにした方がよかった」と反省した（日本再建イニシアティブ二〇一三）。

†民主党の分裂

野田政権末期には、「先の総選挙で大量に生まれた新人議員を中心に、選挙基盤の弱い議員は、民主党への忠誠心を失っていく」（飯尾二〇一三）。

小沢元代表らは新党の結成を画策し、民主党議員が次々と離党して、衆議院の多数を失う段階で解散に踏み切らざるを得なくなった。前述のように、四九名もの離党議員は新党「国民の生活が第一」を結成して民主党に対抗し、大阪維新の会、新党大地との連携を模索した。

野田は「近いうちに解散」を約束し、総選挙を前に民主党は分裂に至った。小沢グループの離党で、民主党は二三一議席となった。

一方、野党時代の自民党は二〇一〇年参院選前に離反者が続出し、「たちあがれ日本」「みんなの党」など小党が分立した。

†民主党政権の終焉

二〇一二年一二月、野田は衆議院を解散し、総選挙で敗北した。総選挙の結果は予想を上回る民主党の惨敗となり、五七議席にとどまった。小沢ガールズは激減した（小泉チルドレンと同じ軌跡を辿ったのである）。

当時は大阪維新の会の威力が大きく、そこに従来の民主党票が流れた。有権者は、左派系から保守系までを寄せ集めた民主党内部の内紛に嫌気がさしたのであった。

かくて三年三カ月の民主党政権は、国民に大きな幻滅を与えたままに終わった。

第七章　創価学会と公明党

本章では（次章で検討する）日本共産党との比較を念頭におきながら、公明党と創価学会について考察したい。

公明党と日本共産党は日本では珍しい組織政党である。党構造は中央集権的で、熱心な多くの活動家と（柔らかい支持より）堅い支持者とをもつ。また、公明党は『公明新聞』などの販売で活動資金の大部分（六五％近い）を賄っているのに対し、共産党も『赤旗』の売り上げに大きく依存している。

さらに共産党は疑似宗教団体であると見ることもできる。どちらの党員も強い使命感をもつ。そして選挙区で公明党と共産党とは熾烈な票の取り合いを演じてきた。

さらにまた、両党は以下に述べるような暗部をもつ。権力のあるところ常に腐敗がある。自民党の腐敗を追及してきた両党もその例外ではない。本章ではまず公明党と創価学会を検討する。

1　創価学会の社会学的背景

†創価学会に依存する公明党

ここでは公明党の母体たる創価学会を検討する。学会と党との関係では学会が優位にある。選挙について言うと、公明党は自前で選挙を戦えず、学会に依存している。

学会員の多くはしばしば公明党に不満を表明しており、世評とは異なり表裏一体などという関係にはない。両者は選挙活動によってのみ繋がっていると言えるほどである。後述する出版妨害事件直後に公明党は、創価学会員以外の支持者を得て選挙を自前で戦えるようにしようとしたが、失敗に終わった。

創価学会の政治進出は、当初一九五〇年代にあっては、選挙活動を通して学会が社会の関心を呼び、日蓮正宗《にちれんしょうしゅう》を国教にすることを目指した。これを「国立戒壇《こくりつかいだん》」といった。しかし出版妨害事件によって生まれた学会批判を受けて、創価学会は国立戒壇を断念した。

†エネルギーとパッション

公明党・創価学会についての先駆的な研究たる堀幸雄の『公明党論』によれば、創価学会が議会への進出に全力を集中したことにより、ファッショ化する怖れのあった社会層を議会制にキャナライズ（誘導）したという。鋭い指摘である。しかし同書は創価学会・公明党がもつ激しいエネルギーやパッションを十分には捉えていないという難点がある。

例えば選挙活動において青年部や婦人部が「感激をもち欣喜雀躍《きんきじやくやく》して活動している」（『聖教新聞』一九六六年一月四日の社説）というある種の祭り型政治参加を見逃している。また、池田大作のカリスマは神がかっていると言えるほどで、矢野絢也の言葉を借りれば「神様みたいな熱狂的な崇拝の対象」である。選挙終盤では目をつり上げて火の玉のように突っ走る。

一九六五年に仙台市の創価学会員の調査を行った佐藤正明によれば、会員にとって「御利《ごり》益《やく》」は経済的・物質的なものではなく、人間関係上のものであった。要するにこの宗教団体に加わることで、農村から大都会に出てきたために生まれた「孤独な生活」を脱することができた（浅山二〇一七）。

もっとも創価学会のサブリーダーは地元の中小企業主が多く、以上の指摘はあてはまらない。

2　創価学会と選挙

†政治腐敗の追及

公明党は政治腐敗を主たる争点として登場した。具体的には一九六六年の虎ノ門公園跡地の国有財産不正払い下げ追及、同年一〇月の共和精糖グループによる不正融資事件追及などであった（島田二〇一四）。

公明党が衆議院に初めて進出したのも、佐藤栄作内閣時代の相次ぐ汚職事件の発覚で、「黒い霧解散」（一九六六年）があった時期である。同党はそれ以外には、社会保障制度や中小企業支援、農漁村の近代化を旗印としている。

†宗教行為としての選挙

創価学会の政党政治進出は、一九五五年の統一地方選挙で五三人を当選させたことに始まった。選挙は組織を引き締める最良の方法である。学会はこの点に自覚的で、二代目会長の戸田《とだ》城聖《じょうせい》は一九五六年に「選挙になると会員たちの目の色が変わってくるので、支部や学会の信心を締めるために使える」と述べた（島田二〇一四）。

また一般有権者に働きかける機会でもあるから、選挙活動は新たに創価学会員を獲得するための手段ともなる（薬師寺二〇一六）。

それ以上に選挙活動は、（学会員がしばしば言う）「池田先生のための選挙戦」「広宣流布《こうせんるふ》」「信仰の証し」である。要するに宗教行為なのである。選挙活動は疎遠になっていた友人に再会する楽しみをも提供し、ネットワークの再活性化を生む。

ただ、関西の学会の元幹部は戸田会長の指摘をきっぱり否定した。選挙は楽しいものであるどころか「しんどい」もので、選挙になると「また選挙か」と感じるという。衆議院から撤退して比例と地方議会に絞るべきだとの主張がしばしばなされるのもそのためである。

また「選挙は学会員を獲得する手段である」という指摘についても、「それは結果論であり選挙はあくまで当選をめざすものだ」と述べた。

さらに角替豊元京都府議会副議長も、創設期の一九五〇年代、六〇年代には確かに選挙は楽しいものであったが、現在では「またか」という感想をもつという。あるジャーナリストは「今、選挙活動は創価学会員にとってかなり重荷になっている」という。外部の人間に働きかけるには勇気も苦労もいる。彼らは「なるべく選挙がないことを望んでいる」と指摘する（島田二〇一四)。

別のジャーナリストは、民主党政権時代には「選挙のたびに会員に強いる過重な負担がむしろ組織を疲弊させているとの認識が、多くの幹部たちに共有されていた」と、先の指摘を裏書きした(中野潤二〇一六)。

†創価学会の武器

ただ、ある自民党代議士の妻は「選挙というのは祭りとギャンブルを兼ねたようなものですね」という筆者の感想に対し「その通りだわ」と答えている。

公明党書記長であった矢野絢也も、「選挙活動は学会員にとって大きな負担だが、「選挙って、面白いんですよ」という(矢野二〇一一)。人によっても立場や時期によっても感じ方が違う。

選挙は目標がはっきりしており、勝ち負けも明白である。宗教組織の活性化には最適であることは否定できない。事実、現在においても創価大学の学生、卒業生が選挙において一人一人が「フレンド(F)票」一票を目標として集票活動を行い、なおかつそれを「功徳《くどく》」を積む宗教活動と見なしている(島田二〇一四)。

創価学会の選挙で中心的役割を果たすのは婦人部で、特に中高年の女性たちである。ひとたび選挙が始まると婦人部の会員たちは、公明党に一票でも多くの票が集まるように懸命の努力をする。学会員でも男性は学会員でない仕事仲間と付き合いがあるが、女性、特に主婦は学会以外の付き合いがない場合が少なくない。つまり選挙活動は彼女たちにとって閉塞的な家庭からの解放となる。選挙活動は内輪の社交の場でもある。

一九九〇年代初めに、創価学会は日蓮宗と袂《たもと》を分かった。それまで大勢で参拝していた行事が失われると、選挙活動は創価学会員が自分たちの組織の規模や力を実感できる唯一の機会となった（島田二〇一四）。他の新興宗教が衰退していく中で、創価学会が生き延びていけるのは、選挙という強力な武器をもっているからではないか。

創価学会は選挙の他に「文化祭」を内部結束のために使っていた。大規模なマスゲームや人文字作りには相当な練習が必要で、練習を共にする仲間の間には強い一体感が生まれる（島田二〇〇八）。選挙活動はこの文化祭が形を変えたものであるといってよい。

現在は若い学会員の時間がとれず、文化祭は開店休業中である。それだけに、選挙だけが学会員の一体感をもたせる手段となっている。大本山《だいほんざん》や巡礼などの「宗教行事」をもたない学会は、選挙に頼る他ないからである。

また、創価学会の会員は概して明るく前向きで楽天的である。後述する共産党員と共通する性格である。

†共産党との関係

一九七四年末、「創共協定」すなわち「日本共産党と創価学会との合意についての協定」が内々に調印された。学会は共産主義を敵視しない、共産党は信教の自由を認めるという内容であった。共産党は創価学会批判を完全にやめた。

3　公明党の歴史

†地方議会から国政へ

学会の政界進出は、一九五五年の地方議会に始まるが、国政レベルでは、創価学会はまず創価学会文化部が中心となって一九五六年の参議院選挙に候補者を立て、全国区で二名、大阪地方区で一名を当選させた。そして一九六一年に公明政治連盟を結成、六四年には公明党に改称した。一九六〇年に創価学会会長に就任した池田大作のイニシアティブによってである。

一九六七年の衆院選に参入して、いきなり二五議席を獲得した。当時は国会で多数を占め、池田を首相にして政権を狙う野心を抱いていた。

地方議員は自民党、共産党と同じく、学会員に限らない人への相談活動、世話焼き活動に従事してきた。中央政界と違って地方議員は自前の組織を作ったということである。

現在も創価学会は座談会と教学活動を熱心に展開しているが、選挙の時期にもこうした活動は続けられる。筆者は創価学会の組織やその昇進のシステム「ガンバリズム」から、日本の大企業との共通性を指摘したことがある。

高度成長期に海外において日本企業がその異質性、閉鎖性、攻撃性のゆえに重大な脅威と受け取られたと同様に、創価学会・公明党も脅威・危惧を一般の日本人に与えた。しかし両者ともナチズムのような破壊性をその本質としてはいない。

†衆議院進出へのためらい

なお池田大作は、当初創価学会が衆議院に進出することに否定的であった。宗教団体であり政治団体ではないのだからと。しかし参議院は「良識の府」であり、そこに代表を送ることに異存はなかった。既に都議会や区議会に進出を果たしていた時期のことである。

ところが一九六一年に公明政治連盟が結成された時点では躊躇なく政党結成に向かった。その後も公明党は地方議会で与党となることが続く。地方自治体に対して、学会員の要望を伝えそれを実現させるにはそれが最適だからである。

†出版妨害事件

藤原弘達《ふじわらひろたつ》『創価学会を斬る』(一九六九年)、内藤国夫『公明党の素顔』(一九六九年)、植村《うえむら》左内《さない》『これが創価学会だ』(一九六七年)など創価学会・公明党に対する批判的な著作が出版された。これに対する出版妨害事件が発覚し、学会は厳しい批判に晒された。『創価学会を斬る』の出版妨害は創価学会員によるばかりでなく、田中角栄自民党幹事長も関与していた(この田中派と創価学会・公明党との連携は、後に公明党の活躍で田中が訪中を実現することに繋がっていく)。国会では、自民党は公明党を庇《かば》うような態度に出た。

かつてジャーナリストであった薬師寺克行《やくしじかつゆき》(現・東洋大学教授)は、自民党にとって出版妨害事件は、野党を分断して公明党を自分たちに引きつける格好の事件であったと指摘している(薬師寺二〇一六)。

ともあれこの事件を転機に一九七〇年、創価学会は政教分離を打ち出し、公明党と一定の距離を保つ方針に転換した。そして、創価学会は公明党の支持団体とするという位置づけを与えた。かつ、この批判を機に国立戒壇や政権奪取構想を破棄することとなった。

†七〇年代前半は反自民の姿勢

田中角栄内閣の時期には社共の進出が見られ革新自治体が次々誕生していた。これに対抗するために、自民党としては公明党の支持を得ることが不可欠であった。

ところが七〇年代前半の公明党は反自民の姿勢をとり、革新色を強めていった。安保について早期解消、沖縄返還協定を求めて、佐藤栄作内閣の退陣を要求した。そして公明党は日中国交正常化に邁進した。

†第一次・第二次宗門戦争

また一九七〇年代には（それまで拠り所としてきた）日蓮正宗との「第一次宗門戦争」が起こった。創価学会員の寄付の多くは日蓮正宗に納められていたが、これを止めようとしたのである。このときは池田会長が矛《ほこ》を収めて収束した。

しかし一九九〇年代になると、学会は『聖教新聞』で宗門批判のキャンペーンをはった。「第二次宗門戦争」と呼ばれるものである。その結果、日蓮正宗は創価学会を破門するに至った。

古参の創価学会員には動揺が広がったが、池田は脱日蓮正宗によってこの危機を打開した。

ただ、池田は第二次宗門戦争で事態を収拾するために、学界の会長を辞任し名誉会長に退いた。社会的には大きなダメージであった。しかし、学会内での独裁的権力にはいささかの揺らぎ陰りもなかった。そしてこの「世俗化」は創価学会へのアレルギーを薄め一般社会（例えばPTAへの参加）に学会を受け入れやすくした（中野潤二〇一六）。

†高齢化と保守化

現在、学会にとって一つの重要な問題は学会員の高齢化で、二、三世は生まれてはいるもののかつてのように集票活動にそれほど熱心ではない。選挙が「しんどいもの」となったのは、主としてこういう世代にとってである。

さて、一九七五年には公明党は明示的に路線変更し、「中道路線」と称する現実路線に向かった。

ところが、一九七八年になると公明党の保守化が始まる。日米安保や自衛隊を容認し左翼色を薄めていった。その背景には創価学会には保守色の強い層が多く、特に日本共産党に対する反発が強いことが挙げられる。反面、共産党の側には抜きがたい宗教蔑視がみられる。

そして公明党は自民党を支えながら（反共でありながら）共産国中国との国交回復に大きな役割を演じた。創価学会は抽象的には「平和」を掲げながらも、それまで外交防衛問題に大きな関心を払ってこなかったにもかかわらずである。

†連立与党に

近年の連立与党の中での公明党の特徴を見てみよう。創価学会の人々は閉鎖的で内部の付き合いしかないのに対し、公明党は無党派の支持、さらには自民党支持者の支持を得る必要があるため社会との接点がより広い。ただし、比例区の議員は創価学会の支持だけでよいので、この点は当てはまらない（御厨他編二〇一八）。

4　公明党・創価学会の受難から自公連立への動き

†非自民連立内閣への参加から自公連立へ

国政レベルで公明党が政権与党になったのは、一九九三年に成立した細川護煕《もりひろ》連立内閣が最初であった。細川退陣後、小沢一郎が新進党を結成して総選挙に臨むと、創価学会は新進党の勝利に大きく貢献した。学会が全面的に新進党を支援した結果であった。

そのため、新進党は仮面をかぶった創価学会ではないかとの批判も登場した。その批判をかわすために小沢は、新進党の政務会長の市川雄一と国会運営委員長の神崎武法《かんざきたけのり》とを更迭《こうてつ》した。

一九九三年総選挙において細川護熙内閣が誕生した際には、市川雄一書記長の下で小沢一郎の主導する非自民連立政権に参加した。この連立は当初から内部分裂に悩まされるが、市川は小沢を支える最有力者の役割を演じた。公明党は世代交代の時期で新人議員が多く、市川の力は突出していた。

一九九四年五月、自民党は反創価学会の宗教団体や有識者に呼びかけ「信教と精神性の尊厳と自由を確立する各界懇話会」を発足させた。通称「四月会」(「死学会」の語呂合わせで学会の打倒を目的とした)という。なお、この会は自民党の方針転換・自公連立で存在意義をなくし、二〇〇一年に解散した。

自公連立時代を迎えると、公明党は自民党の「右傾化」に対するブレーキ役を自任することになった。「公明党は自民党を変えた」と自負している。二〇一五年の安保法制の際、集団的自衛権を使う際の前提条件となる、武力行使の新三要件が入ったのは公明党の抵抗の成果であったという。

†捨て金庫事件

一九八九年六月に横浜市旭区のゴミ処分場に捨てられた古金庫の中から現金一億七〇〇〇万円が発見された。内部告発によって、警察はこの金庫が元来は聖教新聞社のもので、それが関連企業の(新聞配達を請け負う)日本図書輸送の手に渡り、誤って廃棄されたものであることを突き止めた(矢野二〇一一)。

金庫は他にも多数存在していたものと思われる。一つだけだとしたら、置いておいたことを忘れるはずがない。警視庁は都議会の管轄のもとにあり、都議会では公明党が重要な地位を占める。警視庁が手心を加えたのではないかという疑いがもたれた。

この「捨て金庫事件」をきっかけとして、一九九二年には国税庁による創価学会への税務調査が行われた。そして学会の行う収益事業と本来の宗教活動の区分けや、宗教法人・創価学会の資産と池田大作個人の資産との分離を求めた。

この税務調査で、創価学会が全国で経営する墓園会計に巨額の申告漏れがあることが判明し、追徴金を含め七億円が支払われた(矢野は当時、公明党書記長でその立場を利用して税務調査を妨害したと、後に自戒している)。

いずれの「事件」についても、学会側の説明は余りに不自然なもので、創価学会幹部の裏金塗れ、金権体質、それを隠蔽する陰謀など、学会の深い闇の存在を示すものであった。一般の学会員はこれらのニュースを報道で知って衝撃を受け、幹部への不満が渦巻いた。

しかし、池田名誉会長の怒りの爆発に婦人部は涙を流したという。池田への信頼は揺らぎはしなかった。非難されるべきは他の学会幹部たちであった。

幹部は幹部で疑心暗鬼が横行した。幹部の間には池田の寵愛《ちょうあい》をめぐる熾烈な競争があった。池田名誉会長から仕事を依頼されると、たとえ本人にとっては迷惑千万でしかなくとも、他の幹部から激しい嫉妬をかうことになった（矢野二〇一一）。

†一時的な分党

さて、細川首相が金銭スキャンダルで辞任したあと、小沢は新進党結成に向かい、公明党には解党し新党に参加することを求めたが、公明党内部からは強い反発が出た。約三〇〇〇人の地方議員、約三〇〇人の職員を擁していたため、彼らの行き場がなくなるからであった。

また地方議会では、公明党は自民党と連携しているところが少なくなく、「反自民」を掲げた新進党にはついていけなかった。かくて公明党は（一時的な）「分党」を決意した。

†自民党との対立と接近

自民党は新進党への対抗策として、宗教法人法改正による揺さぶりをかけた。そこで新進党は旧公明党首脳を党人事からはずすことにした。これが市川と小沢の仲を裂くことになった。

一九九五年、オウム真理教事件を背景に、自民党は宗教法人法改正の必要を訴えた。マスメディアも世論もこれを支持した。そして参議院で、創価学会の池田大作名誉会長の参考人招致を要求した。学会側は、万一これがテレビで放映されたりすれば、創価学会にとって致命的なダメージになると考えた。

このとき創価学会幹部は、公明党の議員たちは池田名誉会長を本当に守ろうとしていないのではないか、と不信の念を抱いた（島田二〇一四）。証人喚問では池田の個人資産を追及される可能性があったからである（矢野二〇一一）。大混乱の内に結局、池田の代わりに秋谷《あきや》栄之助《えいのすけ》会長を参考人として招致することになった。

自民党は、政教分離法案、宗教基本法案を国会に提出する構えを見せた。しかしこれらの法案は結局国会に提出されることなく終わった。

そして新進党が解党すると、自民党は水面下で旧公明党グループに接近した。その象徴的事件は、一九九八年四月末、自民党の『自由新報』に創価学会に対する謝罪広告が掲載されたことである。『自由新報』が七回以上池田名誉会長に関する批判的記事を載せたことに対してであった。

一九九八年七月の参院選では自民党は惨敗した。そこから自公接近、自公連立政権へと繫がった。

ところで新進党解党後、（第一次）民主党が誕生したが、民主党は公明党には国会での連携を求めた。しかしこの呼びかけには、もう一つ熱がこもらなかった。もっとも裏では公明党と民主党とは話し合いを続けていた。

しかし選挙で民主党と激しく戦ってきた生え抜きの創価学会員には、民主党への反発は極めて強かった。他方、名誉会長の国会招致の記憶が生々しい公明党は、自民党と対決することは避けたかった。

†自自公連立政権

一九九九年一月、小渕恵三自民党と小沢一郎自由党とが連立して新政権を発足させた。さらに小渕は公明党に閣内協力を求め、一〇月に自自公連立政権が誕生した。

公明党が連立に参加したのは、小沢が出した比例区の定員削減を阻止するためであった。小沢は五〇議席の削減を要求したが、公明党が自民党と連立したことで、二〇の削減にとどまった。小選挙区で当選の難しい公明党にとっては、比例区こそがその存立の基盤となっていた。しかし、二〇〇三年の総選挙で三四議席を得て議席を増やしていることは、公明党に不利な選挙制度であるにしては驚くべきことである。なお、公明党は連立に際して中選挙区制の復活を求めたがこれは実現しなかった。

公明党候補が立候補していない小選挙区の自民党候補にとっては、創価学会票は大きな意味をもった。自民党との連立について、公明党は自らをキャスティングボートを握る政党と位置づけた。

中北浩爾《なかきたこうじ》が指摘しているように、公明党は自民党との連立において、閣僚ポストは一つしか得ていない。副大臣は三、政務次官も三である。議席数から見て少ない。また経済財政諮問会議という政権中枢の機関に代表を送っていない。平等の資格で参加できる連立与党間の政策調整・事前審査の方法を選んだのである。

しかし、閣僚ポストが一つとはいえ主に国土交通相という重要ポストである。そのため建設会社は選挙で公明党を支持するようになった。国土交通大臣の地位は学会員の多い建設業に利便を図るのに好都合であった。自民党による公共事業の拡大は学会員の建設業者に着実に利益をもたらしている。

公明党の選挙協力は実は自民党とだけではない。民社系の民主党議員とも選挙協力を行っている。公明党は民主の背後の組合票を比例区で回してもらっていたのである（中野潤二〇一六）。

5　公明党の特徴

†現世利益を求める

公明党は、一九六一年結成の公明政治連盟を母体として出発し、社会保障などに重点を置くいわゆる「現世利益」を求める政党である。ただし、自分のための御利益ばかりではなく、社会・大衆全体の御利益を求めているのだという。創価学会会長の原田稔《はらだみのる》は「仏法では他者の幸福を願い行動することによって自らも幸福になれる」と述べる（「インタビュー、創価学会はどこへ」『朝日新聞』二〇一六年九月二二日）。

そのため自公連立政権において公明党は厚生大臣・厚生労働大臣のポストを獲得したこともあった。また前述のように国土交通大臣の地位を得たこともあった。

†自民党の選挙を支える

公明党は各小選挙区でそれぞれ二万〜三万の「基礎票」をもつ。（これは共産党も同様である）

自公連立でこれが自民党候補の支持に回ることの意味は大きい。

二〇〇三年の衆議院議員選挙での出口調査によれば、公明党が候補者を立てていない小選挙区では、公明党の支持者の多くが自民党候補に投票している（『読売新聞』二〇〇三年一一月一日）。他方、自民党が候補者を立てていない小選挙区では、自民党支持者の五六％が公明党候補者に投票している。自民党候補者による「比例は公明」という連呼の成果である。

現在、自民党は公明党によって支えられながら選挙を戦っていると言っても過言ではない。公明党に頼らず、個人後援会だけで選挙を戦う「気概」を失っているとの批判まで受けている（鈴木宗男の発言。『読売新聞』二〇一九年一〇月二二日）。

他方、公明党と民主党との連携はしばしば話題となってきた。護憲や平和主義など政策理念の共通性からである。しかし両者とも都市に基盤をもち、農村では支持が弱い。そのことからも連携は困難である。しかも政策理念の共通性から民主党と連携すると公明党が独自性を失う結果になりかねない（島田二〇一四）。

6　小泉、安倍の新自由主義、新保守主義政権下での公明党

†安保法制への葛藤

二〇〇一年の小泉内閣の誕生は、公明党にとっては苦しい時期の始まりとなった。その市場原理第一主義は公明党にとっては好ましくない政策であったし、小泉は公明党に配慮することもほとんどなかった。

連立を何とか維持するために、公明党は自衛隊の海外派遣について事前の国会承認の条件をつけてではあるが、賛成に回った。しかし教育基本法改正、靖国神社参拝には強く反対した。他方、続く第一次安倍内閣の時期には教育基本法改正を容認した。

後述する維新の党は、自民党と提携することで公明党の協力を不必要にしかねない存在であった。公明党は「維新」が掲げた「大阪都構想」に形式的には自主投票を決めたが、学会員たちは維新に反発して反対に回り、この構想を挫折させた。一矢《いっし》報いたわけである。

そして、二〇一五年の安倍首相による安保法制実現は、公明党にとって厳しい状況を作り出

した。同年四月の統一地方選においては、「平和の党であるはずなのに、なぜ賛成したのか」と詰め寄られることがしばしば起こった。創価大学と創価女子短期大学では、教員らが「法案に反対する有志の会」を作り、署名活動を行った。

†安倍晋三とは疎遠

安倍晋三は公明党・創価学会とは第二次安倍内閣にいたるまで疎遠な関係でしかなかった。それどころか細川内閣の成立で自民党が下野したとき、安倍は反創価学会組織たる前述の「四月会」に所属し、反創価学会活動を展開した。安倍は個人的にも創価学会嫌いであると言われる（中野晃一編二〇一六）。

これを補っているのが菅義偉官房長官と佐藤浩創価学会副会長（選挙対策担当）との親密な関係である。しかし創価学会、特に婦人部には反安倍（彼のタカ派的体質）の姿勢が強い。民主党政権が誕生した時期には、山口那津男新代表は鳩山由紀夫との会談で民主党との連立を示唆するような発言をしたと伝えられる。しかし、公明党支持者にはこれまで民主党が公明党と創価学会との関係を厳しく批判してきたことに反発があった。その事実に加え、前述のように、選挙で激しく民主党と戦ってきたことへのしこりもある。

将来の公明党は永住外国人への地方参政権の付与、選択的夫婦別姓など自民党が反対している政策を掲げ第三極を目指すのではないかという観測もある（読売新聞政治部二〇一〇）。

†世俗化する公明党

現在の創価学会と公明党の関係を見ると、創価学会幹部出身の国会議員は減り、党職員と学会職員との人事交流もない。職員の採用も全く別に行われており予算も別会計である（薬師寺二〇一六）。また公明党の綱領は一九九四年に決定され、九八年に改訂されているが、宗教色はない。一九六四年の結党時の公明党とは全く異なりかなり世俗化している。

創価学会公明党の災害被災地への熱心なボランティア活動は広く知られているが、その他のボランティア活動も主として個人の責任で行われている。なお公明党は在日外国人の地方選挙への投票権の実現を目指しているが、まだ実現を見ていない。

また自民党が主導する政権運営について、公明党と創価学会との距離が広がっている。とりわけイラクの自衛隊派遣について創価学会の若手活動家が猛反発して、署名活動を行い公明党本部に提出するという事件が起こった。こうした中で、公明党は自民党との連立を維持し続けることができるのか、そうすべきなのかとの疑問が出されている。

しかし、個々の自民党議員にとって公明党・創価学会の支持は不可欠となった。公明党・創価学会に後援会名簿を渡すまでに至っている（読売新聞政治部二〇一〇）。門外漢にはわからないかもしれないが、後援会名簿を渡すというのは政界では大変なことである。

†風通しの悪い組織に？

最後に宗教団体としての創価学会の特徴の一つを挙げておこう。他の宗教団体は老齢化が著しい。若い世代が育っていない。それに対し創価学会は学会二世三世が多い。近隣地域での結びつきが強いこともその一因である。しかしそれだけに、新メンバーがこのネットワークに入りにくい、一つの壁となっていると言わざるを得ない。

最近の注目すべき現象には、公明党の国会議員に、中央官庁のキャリア官僚や外資系大手企業の社員、弁護士、会計士などの社会エリートの出身者が多数を占めるに至ったという事実がある（中野潤二〇一六）。そのことは下部組織との意思疎通が悪くなるリスクをはらんでいる。

もっとも、創価学会は地域に根付いた相互扶助のネットワークをもち、会員同士の強固な人間関係と経済活動とをもつので、懸念をもつには及ばないという考えもある。

ところで、池田大作の高齢と健康状態の悪化により、創価学会内部で後継者の座をめぐって権力闘争が行われているようであるが、部外者には詳しいことはわからない。

第八章

日本共産党

1　共産党の現在

†野党統一候補の擁立

二〇一四年末の総選挙で共産党は改選前の八議席から二一議席へ躍進した。小選挙区では沖縄で一議席、他は比例区であった。

そして二〇一六年夏の参院選で、全国で三二の一人区の全てで共産党を含む「野党統一候補」を立てた。それ以前に、野党統一候補としては二〇一六年四月の衆院北海道五区補欠選挙で野党統一候補を擁立したことがあった。結果は自民党の候補に敗れたが、圧倒的に優位とみられていた与党候補に約一万一〇〇〇票差にまで迫ったという実績がある。共産党書記局長の小池晃《こいけあきら》によれば、この時の選挙運動は野党間で「最初はぎこちなかったが、だんだん相互に信頼感が生まれてきた」という。

第二次以降の安倍晋三内閣は「タカ派」的政策を後回しにしてアベノミクスに邁進しているが、それ以前の安保法制、秘密保護法、日本版ＮＳＣ（国家安全保障会議）などの記憶が鮮明で、それが世論の反発を買ったと共産党は判断している。

共産党支持者はアベノミクスも大企業中心と見ている。共産党は安倍のアメリカ寄りの姿勢にも批判を向けていた。共産党のこれまでの実績は主として腐敗追及にあったが、今後は与党の政策批判、対案提出に向かうという意気込みである。

政権を取ったときの民主党の無残な経験が、有権者に対して強い印象を残していた。民主党に幻滅した有権者の目が、共産党に向くのも当然であろう。だがそれは浮気な「柔らかい支持者」としてである。

こうした自民一強、野党多弱の情況では、野党統一候補擁立が現実的な対応策であった。ただ、過去を知らない若者は別として、国民の多くには共産党アレルギーが強く、立憲民主党などにとっては共産党との提携はリスクの大きな賭けであり、事実内部に反対意見も多い。

†SEALDsへの接近、市民連合への参加

共産党は、安保法制反対を契機としてSEALDsという若者団体に接近した。

前述のように、SEALDsのメンバーは一〇代後半から二〇代前半の若者たちであった。SEALDsは共産党の中央集権的性格とは全く性格を異にしているが、地域や個人によって違いはあるものの、共産党系の青年組織「民青《みんせい》（日本民主青年同盟）」とも繫がりがあった。むろん、SEALDs自体は「無党派」を自称しているし、事実その通りであった。

二〇一五年一二月には、SEALDsは安保法制関連法に反対する「学者の会」「安保関連法に反対するママの会」などとともに集会をもった。

この集会には共産党の志位《しい》和夫《かずお》委員長も民主、維新、社民、生活各党の幹部と並んで参加した。そして「国民連合政府」の樹立を掲げた。そのために野党統一候補を参院選に立てることを決め「市民連合」を設置した。これが前述の野党統一候補擁立に結びついた。共産党は一人区で二万〜三万の集票力がある。共産党が候補者を立てなければ、野党側の候補に勝率が高まるためである。

†「柔らかい」支持の増加

共産党は高齢化が著しく、その弱点を若者や主婦の支持を得ることで克服しようとしている。悲壮感、危機感を前面に出すのではなく、堅いイメージから明るく「ゆるーい」イメージに転換した。無党派層をターゲットにしている。

これにより、『赤旗』の売り上げは伸びていないのに得票数は増えている、つまり本来の共産党支持者でない層の「柔らかい」共産党支持が増えている。事実、二〇一五年の統一地方選では大きく票を伸ばした。

共産党は、かつては堅い支持によって当選を果たしていたとされるが、いまでは無党派層に大きく依存しており、高投票率ほど当選者が増える。

加えてＴＰＰ（環太平洋パートナーシップ協定）をめぐって共産党は、ＪＡ（農業協同組合）や全漁連（全国漁業共同組合連合会）、それに日本医師会などとの連携を作りつつあった。

現在の共産党の勢力を見ると、二〇一七年での党員数は四〇万人弱と推計されている。『赤旗』の読者数は一一三万で、党本部職員は一〇〇〇人である。一九八九年四月の段階では、地方議員四〇四三人を数えた。党員は一九八七年には四八万人であったが、二〇一九年には三〇万人で、約三八％の減である。活動家の数は二千数百人を数える。

共産党は会議が多い。常任幹部会、書記局会議、各部会の会議、地区の常任委員会など。特に常任委員会は毎週開かれることから「会議好き」と揶揄される。

しかし、党大会の前に大会決議案を読んで来る党員の比率は、自己申告でさえ、せいぜい三割程度である。

2 共産党の歴史

†一九七〇年代の凋落

一九七〇年代には、七〇年代末までには共産党が主導する「民主連合政権」を作るとしていた。当時は衆議院で四二議席、大都市で共産党の支持を受けた革新知事、市長が次々と誕生していた。一九七二年総選挙では一四議席から四〇議席に躍進して、野党第二党になった。

ところが一九七〇年代後半になると、党は若者を引きつけることができず、活動家は高齢者ばかりとなった。一九七六年の総選挙では、四〇議席から一九議席に転落、都議会議員選挙でも二一議席から一一議席に半減した。

筆坂秀世《ふでさかひでよ》によれば、一九六〇年代には活動家はほとんど若者で、女性も多く恋愛も結婚もあった。会合に出るのが楽しくて仕方がなかったという。これが過去のものとなった。二〇〇五年の総選挙では、二二三の小選挙区で供託金没収となり、その額は六億六九〇〇万に上った。その後、全選挙区に候補者を立てることはやめた。

†一九九〇年代後半の回復

一九八〇年代から九〇年代前半は共産党にとって停滞期であった。得票率も議席数もそれぞれ八％、一五名（衆議院）となった。ところがそれが逆転して、一九九八年の参議院選挙では八一九万票で最高を記録した。国際的にはベルリンの壁崩壊、ソ連解体で共産主義国への幻滅が広がった時期であったにもかかわらず、冷戦終焉後数年の九〇年代後半になって共産党の人気がにわかに上昇した。

一九九六年の選挙では四名を当選させた。地方議会・首長選挙での躍進も目覚ましかった。このブームは「社会党への幻滅」と「無党派層の支持」と特徴付けられている。要するに「柔らかい支持」を獲得したのである。一九七〇年代初頭、田中角栄内閣時代の「自共対決」の再現を思わせる（一九七〇年代前半に日本共産党は選挙で躍進し、これに脅威を感じた自民党は七〇年代後半から八〇年代初めにかけて「日本共産党＝暴力政党」というキャンペーンを行った）。

†解放同盟との共闘から批判へ

共産党は、かつては同和運動(解放同盟)と共闘していた。ところが二〇〇〇年代に入ると解放同盟員が激減し、七万人以下になった。しかも平均年齢が六〇歳代を超えた。

こうした背景があり、共産党は地方自治体の同和行政が被差別部落出身者に過剰に特権を与えていることを批判し、この「勇気ある」活動は市民の共感を得た。

同和問題はデリケートで軽々しく発言すると脅迫などを受けるだけに、組織の強力なバックアップを受けた共産党員でないと取り組めない問題であった。

†「普通の政党」へ

二〇一四年一月の第二六回共産党大会では、政権から滑り落ちた民主党を相手にせず「『自共対決』の本格的始まり」を決議した。ところがその二年後、二〇一六年二月、共産党は民主、維新、社民、生活の野党四党と首脳会談を行い、安保関連法案を廃案にするための共同提案を行うことを決め、参院選に共同で臨むこととした。画期的な決定であった。

二〇一六年一月には天皇を迎えて開かれた通常国会の開会式に、共産党議員が出席して周囲を驚かせた。「天皇制反対の立場をとっていたのに」というのであった。国民の「共産党＝天皇制打倒」という「共産党アレルギー」解消、つまり「普通の政党」のイメージを流布《るふ》するためであった。

象徴天皇は憲法に明記されており、護憲勢力としてはそれを受け入れるのは当然と言える。天皇の発言が時を経るごとに民主的な方向に変化してきていたことも背景にある。党は天皇制に非常に気を遣っている。「天皇」という制度の是非は、将来の国民の選択に委ねるとしている。

3 共産党の活動と組織

†議員の活動

現在の共産党員・地方議員は自民党地方議員と同様の世話焼き活動に熱心である。共産党の地方議員は一九九〇年代末の時点で四〇〇〇人いると言われたが、その四分の一が女性議員であった。女性議員の比率は他の政党と比べて高い。女性候補が多いのは、共産党におけるフェミニズムの表れというより、女性議員は当選しやすく、落選しても夫の給与でやっていけるからである。もちろん一九二二年結党のときから男女平等を掲げて得てきた成果であるとの評価もある。また三七万人の党員の四二%が女性である。

共産党の地方議員は公営住宅の入居希望やサラ金に悩んでいる人の相談に乗り、入党を呼びかけるといった活動をしている。

また従来からある活動として「民主商工会(民商)」がある。主として個人経営者の税金を安くする手助けをする組織で、地域に根を張っている。戦前の無産者診療所の伝統をくむ「民主診療所(民診)」という機関もある。一九七〇年代までに全国で七四の病院。四四の診療所をもつに至った。無料法律相談を受ける「民主法律協会」もある。実際には有料である。

浦和市(現さいたま市浦和区)の共産党議員の話では、議員活動や市民相談で休日も「ものすごく忙しい」と言う(荒川他一九九八)。民商に属する零細企業主は朝四時に起きて『赤旗』を配る。また川崎の市議の家には生活の悩みを抱えた人々がひっきりなしに訪ねて来る。共産党員はとにかく忙しいのである。

問題は党員の高齢化である。例えば民商にしても参加者の大部分は五〇代後半から六〇代前半である。四〇代以下はほとんどいない。「日本共産党を語るつどい」を開いても、参加者は高齢者ばかりとなる。

むろん自民党の「活動家」も六〇代後半が大部分を占める。公明党も熱心に活動するのは老人が多い。日本では一般に既成政党の政治活動そのものが高齢者のものとなっている。共産党も自民党も若者を排除する雰囲気さえある。共産党には「仲間内としか付き合わない」閉鎖性が認められる。そのため党の機関誌の配布や集金に困難をきたしているのが現状である。地域の責任者も定年退職したいのに後継者がいない。世代間の意識のずれも無視できない。その問題への対処法の一つがSEALDsとの連携の模索であろう。

†大衆運動を避ける傾向

一九九六年の総選挙、九八年の参議院選挙の勝利は、社会党が解党状態に陥り、それまで社会党を支持していた有権者が共産党に向かった結果である。彼らはこうして「柔らかい支持」を獲得した。

公明党員が選挙を「しんどい」と感じるように、「疲れるから」と共産党員も大衆運動を避ける傾向がでてきた。大衆からの「カンパ」が集まらないと自分のボーナスから支払っている党員もいる。党専従者への給与は滞りがちで、妻が学校の先生や看護師でないと務まらない。

党員や支持者からのカンパは多くが選挙のための費用で、国政選挙や地方選挙のたびに必要な費用を予測して、地区に必要な所属する党員の党費合計額の何カ月分が必要なのかを計算し、それに基づいて支部が目標額を決定する。元大企業の取締役が「出したる」と申し出たり、党員の中には「無理だ」という者もいて様々である。

†財政状況

共産党員はボランティア精神で活動を続けている。専従の党職員は党から給料をもらっているが、一般党員は逆に収入の一％を党費として納めている。基本的には自己申告である。これが共産党の比較的潤沢な活動費となっている。他の政党には見られない特徴である。党員は、国政選挙募金、地方選挙募金、党本部建設募金、夏期募金、年末募金と、ひっきりなしにカンパを迫られる。

一九九〇年代末には共産党の支部は二万六〇〇〇もあって、党員は三十数万に達した。全国三三〇〇の市町村で支部がないのは三六〇町村に過ぎなかった。一九九〇年代末で地方議員の数は四〇〇〇名以上となった。職員の給与は基本的に自らが集めた党費と赤旗の購読料でまかなっている。なお共産党は政党助成金を受け取らないが、歳費と調査費は受け取っている。

日本共産党への否定的意見に対抗するかのように、作家の井上ひさしは次のように書いている。井上は父親が共産党員で妻も共産党の地域活動を行い（妻の父親は共産党の国会議員）、井上自身は党員ではないが、選挙のたびに日本共産党に投票する共産党シンパだった。

井上は「現場の党員は少なくとも八割ぐらいは「義人」ぞろいです。……地区で困っている人たちのために寸暇を惜しんで一所懸命に働いている。……みなさん明るくてほがらかで……と感心することばかりです」と説明する（不破他一九九九）。共産党のミニ集会も明るく潑剌《はつらつ》としている。

後述のように、党員は『赤旗』の勧誘、配布、集金や選挙活動で疲弊している。また共産党の選挙活動では無差別電話を行うが、いきなり切られて精神的疲労が大きい。意図してかどうかは別として、井上はこうした実情に目をつむっている。

†メディアへの露出

志位和夫委員長は、テレビタレントとしての素質がある。テレビの討論番組で相手を論破するのが得意である。あるジャーナリストは志位を、自民党の亀井静香と並んで今テレビの寵児と言えると評している。彼のおかげで共産党は無党派層の多くを引きつけているとさえ言われる。集票が党首のイメージに大きく依存しているのである。

衆院予算委員会では志位は、消費税増税による景気の冷え込み、中小企業の設備投資の遅れを心配し、あまり反体制のイデオロギーを感じさせない。また明日は国会質問などというときには気を静めるためにピアノを弾く。従来の共産党議員とは異なるライフスタイルである。志位は高校生のころは作曲家になりたいと、音楽の勉強をしていた。

共産党はSEALDsの発足前から若者をターゲットとする選挙活動を展開し始めた。それはインターネットによる選挙活動が解禁になった二〇一三年の参院選から顕著になった。二〇一五年七月には左派アイドルグループ「制服向上委員会」を党大会の会場に招いた。

選挙において候補者選定に当たって「見た目」を重視する。そうした「女性アイドル」となったのは、例えば二〇一五年名古屋市市議選に出馬した最年少の二五歳（当時）、西山あさみである。西山は選挙戦でフェイスブックやツイッターを活用し、連日のように掲載する自身の写真にハートマークを付けた。

†公称一〇〇万部の機関紙『赤旗』

日本共産党の『赤旗』は、各国の共産党の機関紙と較べて圧倒的な発行部数を誇る。中国の『人民日報』やベトナムの機関紙よりも多い。日本共産党は『赤旗』をそれだけ重視しているということである（筆坂二〇〇八）。

党収入の約八割が購読料によって占められている。ただ、発行経費、輸送経費がかかるので、実収入はそれを差し引いた額である。部数もかつては三〇〇万部を超えていたものが、二〇〇〇年代には公称でも一〇〇万部になっている。

†購読勧誘は悩みの種

地域支部には若者がいないが、支部に所属すると必ず『赤旗』の勧誘・配達・集金を求められる。ただ購読者は急速に減っている。『赤旗』購読を勧誘したり、配達、集金に追われることは、党員にとっては悩みの種である。『赤旗』さえなければ、というのが活動家の共通の悩みとなっている。

配達員は七〇歳前後と高齢化が著しい。購読者の多くは地方議員に世話になった感謝の気持ちで、例えば「三カ月だけ」というように義理で購読している。購読料は月三〇〇〇円前後である。集金に行っても平日だと家にいないことが多い。「配達が朝早く（現金が）ない」と苦情を言われ、集金に行かずに自分で立て替えることも珍しくない。

党員にとって『赤旗』の勧誘、配達、集金は最も辛い仕事である。革命運動どころか、新聞の勧誘、配達が主な活動となっているとの不平が絶えない。

一方で、『赤旗』には党の重要な決定が載るので、読んでいないと党の会議に出ても討議に参加できない。

4　綱領の変遷

†社会主義革命か民主主義革命か

一九五八年の党大会では、日本の当面の革命は社会主義革命か、それともまずは資本主義の枠内で民主主義革命を成功させ、その後に連続的に社会主義革命を目指すか、で激しい路線論争が繰り広げられた。

この論争は第八回大会まで持ち越され、結局一九六一年に「まずは民主主義革命を」で決着した。この「革命」の担い手は、民主連合政府であるとされた。論争を主導したのは宮本顕治《みやもとけんじ》であった。それ以後路線上の対立はない。

†現代マルクス主義派の登場

一九五八年前後から「現代マルクス主義派」（のちの「構造改革派」）が登場した。長洲《ながす》一二《かずじ》『現代資本主義とマルクス経済学』、井汲《いくみ》卓一《たくいち》『国家独占資本主義論』などが代表的著作である。

トリアッティによるイタリア共産党の構造改革論も紹介された。構造改革論には実は江田三郎《えださぶろう》を中心とした社会党内のグループがあった。社会党内の構造改革派、貴島正道《きじままさみち》、加藤宣幸《かとうのぶゆき》、森《もり》永栄悦《ながひでよし》らは、共産党系の構造改革派の旗手、佐藤昇《さとうのぼる》と接触をもった。両グループは社会党の有力者、江田三郎を盛り立てて、社会党の路線変更を画策したが、左派によって挫折を余儀なくされた。

長洲と井汲は、党の活動家、安東仁兵衛《あんどうじんべえ》の協力を得て、大月書店から理論誌『現代の理論』を発刊した。新鋭の佐藤昇が巻頭論文を書いた。不破哲三《ふわてつぞう》、田口富久治《たぐちふくじ》、松下圭一、梅本克己、日高六郎ら第一線の知識人の寄稿を得た。ただ宮本顕治ら党幹部はこの雑誌の発刊に強く反対し、停刊に追い込んだ。実は大月書店は、『マルクス＝エンゲルス全集』『レーニン全集』の刊行資金をソ連から日本共産党を通じてもらっており、この資金が停止されると窮地に陥るという事情から、共産党の意向に逆らうことはできなかった。長洲や井汲は修正主義者、親トロツキストではないかとの批判も背景にあった。

その続編は、三一書房の講座『現代のイデオロギー』、ついで大月書店の『日本経済分析』誌によって担われた。一九六一年から六二年にかけてのことであった。

†一九六一年綱領とその刷新

一九六一年七月、第八回党大会が開かれ前述の「一九六一年綱領」が決定された。ここでは日本はアメリカ帝国主義に従属する国家であり、当面の課題は真の独立と民主主義革命であるとされた。この綱領は一部改正されながらも四〇年近く継承され、やがて不破哲三のイニシアティブで「二〇〇四年綱領」に引き継がれた。一九六一年綱領の「民主主義革命」「多数者革命」を引き継ぎながら、約四〇年ぶりに綱領全体の見直しを行ったのであった。

†志位体制の確立

ソ連崩壊の数年後、一九九四年の第二〇回党大会で「スターリン以後のソ連は社会主義とは無縁の国家であった」と断じた。

二〇〇〇年一一月の第二二回党大会では、自衛隊を認め、侵略に対して活用するとした。一九九五年の村山富市社会党内閣による自衛隊と日米安保の容認に匹敵する転換であった。もう一歩踏み込んで、イタリア共産党のように党名を変えるべきだとの指摘が、多くの支持者から出ているが、共産党はこれに応じようとはしない。それどころか、イタリア共産党の左翼民主党への名称変更を厳しく批判した。不破哲三は共産党内でこの潮流を代表した。ただ、ソ連を始め共産主義国の実態が芳しくないので、共産党は「日本」共産党を強調し、それとの差別化を図ろうとしている。

同二〇〇〇年党大会では、議長に不破哲三、委員長に志位和夫、書記長に市田忠義《いちだただよし》が選出された。

そして二〇〇四年党大会では、一九六一年綱領の四〇年ぶりの改定が行われた。新綱領では一九六一年綱領を引き継ぎ、日本社会が必要としている変革が、社会主義革命ではなく、「異常な対米従属と大企業財界の横暴な支配の打破」、すなわち資本主義の枠内での「真の独立と民主的改革」であるとされた。さらに安全保障政策では安保破棄、中立、自衛隊の解消を掲げ、侵略戦争と植民地支配を謝罪することを謳った。

不破哲三の報告では、ソ連の崩壊を受けて、ソ連は社会主義とは無縁の社会であったと断じ、その官僚主義経済、囚人労働を批判した。さらに日本社会の道徳的危機に言及し、少年犯罪や少女売春に深い懸念を表明した。

他方、志位和夫幹部会委員長の報告では、総選挙で議席を大きく減らしたことを反省し、半年後の参議院選挙に向けて比例区で五名の当選を目標とした。小泉内閣の弱肉強食的政策を批判、消費税増税やリストラを激しく批判した。

間もなく、二〇〇六年に不破は引退し、志位体制が確立した。しかし前述のように実権は不破にある。

ちなみに、二〇一〇年に不破哲三は「社会主義の実現にはこれから何世紀もかかる」と発言した（筆坂他二〇一〇）。

5　日本共産党の暗部

†一九七二年事件

共産党員は明るいと言われるが、暗部があることは否定できない。いわゆる「一九七二年事件」では民主青年同盟の幹部が処分を受けた。「一九七二年事件」とは、共産党本部が、民青内部に党の公式路線に反対する分派が組織されたとして処分した事件である。これによって三桁を超える党員が調査され、その中の多くが監禁、拘束、自己批判の強要を受けた。戦前のリンチ事件を彷彿とさせる事件であった。

これをきっかけに民青は衰退し始めた。民青の幹部には東大出身者が多いが、民青「卒業後」共産党の要職に就く。このルートが危機に瀕したのである。

†個人による独裁

日本共産党は個人独裁の政党である。それはトップの任期の長さに表れている。宮本顕治が書記長、委員長を二〇年以上、不破哲三は一八年、志位も二〇二〇年で二〇年になる。選挙でいくら敗北しても辞任しない。未だに実質的トップは志位ではなく、九〇歳近い不破である。

宮本顕治や不破哲三は、講演や演説をまとめて次々に本にしている。不破は著作が一五〇冊以上ある。党員は熱心にその本を買い求めていて、その印税は馬鹿にならない。

不破は郊外に夫人と住むが、運転手や専属の料理人がいる。どちらも党の専従職員である。夫人は買い物や通院にも党の車で行く。

†ソ連との関係

ソ連の崩壊で日本共産党についてもその暗部が明らかにされた。その一例は、野坂参三《のさかさんぞう》がスターリンの恐怖政治時代、山本懸蔵《やまもとけんぞう》らをスパイとしてソ連の秘密警察に密告したという記録が出てきたというものである。党本部は当時名誉議長であった野坂を除名した。

最後に日本共産党がソ連から受けた干渉について、ソ連の秘密文書を入手した不破哲三の著書に基づいて要約しておきたい（不破一九九三）。

一九六二年、中ソ論争を背景に日本共産党はソ連の「覇権主義」に対して「自主独立」路線を打ち出した。同年三月ジューコフ対外文化連絡国家委員会議長、コワレンコ同委員会極東部長が日本政府との文化協定締結交渉の名目で来日して、秘密裏に日本共産党の内情を探るとともに親ソになるよう働きかけを行った。

この時期、宮本顕治書記長が実権を握る日本共産党は、どちらかといえば中国寄りの姿勢をとっており、ソ連の歩み寄りに応えることはなかった（それに対し日本社会党はソ連寄りの姿勢であった）。ただ日本共産党内部には内通者がおり（特に志賀義雄《しがよしお》）、党の内情をソ連は詳しく知ることができた。ちなみにこの時期の日本共産党は「日本の軍国主義は対米従属の状態にある」との認識であった。

一九六三年、モスクワは志賀に分派活動の活動資金を三年間で七億二〇〇〇万円渡した（ソ連は総評に対しても原水爆禁止大会の参加者への旅費を援助していた）。翌六四年四月ソ連共産党は日本共産党への正面攻撃に踏み切る。「日本共産党は共産主義運動からの離反者」と決めつけたのである。これに対し日本共産党中央委員会総会は圧倒的多数で志賀義雄と鈴木市蔵《すずきいちぞう》を除名処分にした。不破の同書は党内反対派とソ連の対応について詳細に綴られている。

†公明党との共通点

公明党と日本共産党には共通点が少なからず見られる。活動家の高齢化、世俗化（脱イデオロギー化）、若者へのアピールの模索（ヘイトスピーチへの反対、SEALDsへの接近）など。しかしその閉鎖性は完全には克服できていない。

ただ、柔らかい支持への依存を通じて両党は組織政党という特徴を薄めてきた。党首イメージによる、あるいは世話焼き活動中心の集票に依存する政党に変貌しているように見える。自民党が首相主導・官邸主導という形で「組織政党化」「中央集権化」の方向へ、徐々にではあるが向かっているのと逆方向の変化であるのは興味深い。

＊京都の日本共産党府議山内佳子《やまうちよしこ》氏と後房雄《うしろふさお》愛知大学教授には、本章の原稿を読んでいただきコメントをいただいた。お二人に感謝したい。

第九章

平成の自民党Ⅲ——第二次安倍内閣以後

1　安倍晋三の復権

†辞任後の安倍晋三

二〇〇七年の参議院選挙における自民党惨敗のあと、「戦後レジームからの脱却」を掲げてきた安倍首相は内閣改造を行ったが、九月になって首相は突然辞任した。潰瘍性大腸炎という健康上の理由であった。しかし彼は政治的にも追い詰められていた。「総理の座を投げ出した敗残者」という非難が投げかけられ、「自信の喪失」という悩みを背負った（山口二〇一六）。後継首相には福田康夫が選ばれた。福田は、外交などでタカ派色を薄め、安倍とは対照的な路線を歩んだ。

安倍は下野したあと、「衆議院選挙に向けてミニ集会を三〇〇回以上行い……一般のご家庭にも一軒一軒回り、一人ひとりから」話を聴いた（安倍他二〇一三）。さらに「真・保守政策研究会」を発足させ、外国人参政権反対、夫婦別姓反対、竹島問題などについて発言した。また、下野した時期、安倍は、第一次安倍内閣を振り返って「反省ノート」を書き綴った（田崎二〇一四）。

†石破、石原を破って自民党総裁に

その数年後、民主党内閣の無残な三年三カ月を経て、自民党が復活し、安倍は総裁選に再出馬して、復活を果たした。このときまでに別人のように気力を回復していた。安倍は前政権時代の失敗の反省から多くの教訓を得たが、同時に成功例としての小泉長期政権からも多くを学んだ。

御厨貴《みくりやたかし》は、安倍が復帰できた理由は、五五年体制の下で首相候補を出してきた派閥が解体状態で、自民党において首相になるだけの人材が払底《ふってい》していたことであった、と指摘する（御厨二〇一五）。

衆議院選挙での民主党の惨敗の予想を前に、菅義偉は安倍の復活を公言した。彼は安倍を説

得して、総裁選に出馬するよう、負けてもよいから出ろと勧めた（山口二〇一六）。他の側近議員たちは消極的で、安倍は逡巡した。しかし、マスコミ各社での世論調査で安倍支持が予想以上に多いのを見て、安倍は総裁選に出馬を決意した。そして石破茂《いしばしげる》、石原伸晃《いしはらのぶてる》をしのいで、総裁選に勝利した。

ちなみに石破は、三井銀行を辞め、政治の修行で田中派の政策集団事務局に勤務していた。国会議員としてはかなり本を読む勉強家で、新進党から自民党に鞍替えしたという経歴をもつ。彼は、麻生派、高村派の支持を得て総裁選に臨んだが、敗退した。

†景気浮揚政策への好感

さて衆院選を前に安倍は、タカ派的政策を封印し、長引くデフレの克服を第一に掲げ、そのために日銀と協調してインフレ目標政策を採用したいと宣言した。この景気浮揚《ふよう》政策アナウンスには即効性があり、円安と株高で企業業績が急速に回復した。マスメディアはこの安倍政権に極めて好意的になった。

なお、一九八〇年代後半から二〇〇〇年代にかけては、「ニューステーション」「サンデープロジェクト」「ウェークアップ！」などのワイドショーで、政治がテレビのホットな話題になった時代だった（大嶽二〇〇三）。この状況は、二〇一〇年代には終わりを告げた。

しかし、テレビの報道番組は、投票行動や政党支持に一定の影響力をもち続けた。他方で安倍首相のフェイスブックなど、政治家のSNSが若者に対し大きな効果を挙げているとの評価もある（御厨他編二〇一三）。

†自民党の人材発掘の成功

また野党時代の自民党は、公募による人材の発掘に乗り出していた。塩崎恭久《しおざきやすひさ》が党改革委員会の会長に就任し、チームを数個作ってこれを行ったのである。これが成功し、二〇一二年の衆院選で一一九名の新人議員が誕生した。派閥によるリクルートによるのではない新人発掘であった（御厨他編二〇一三）。

2　安倍政治の展開と菅義偉官房長官

†菅官房長官による官邸主導

この第二次安倍内閣は、菅義偉官房長官の下で官邸主導を築いた。前述のように、そもそも逡巡する安倍に再度総裁選に出るように強く勧めたのは菅であった。

菅は宏池会《こうちかい》に所属していたが、「加藤の乱」で加藤紘一に失望した。そして梶山静六《かじやませいろく》に師事したが、派閥としては宏池会の後継たる古賀派に所属していた。しかし間もなくそれを抜け、派閥に属さず、党内に確固たる基盤をもたない一匹狼の政治家となった。

安倍との連携は、北朝鮮拉致被害者問題で共に活動したことに始まる。第一次安倍内閣では総務大臣に任命された。第二次安倍内閣で菅は官房長官となり、安倍内閣の下で国政を主導したことに自民党内では不満が高まった。

具体的には、慣例人事を排し人事で強大な影響力を行使し、それによって官僚たちを操作したのである。彼は全省庁の人事を審査する「閣僚人事検討会議」を設置し、それを主査して二〇〇人以上の幹部（局長以上）の人事権を掌握した（この構想は橋本内閣においても提案されたがその時期には実現を見なかった）。そしてしばしば慣例に囚われない、意表を突く人事を断行した。

†その他の人事

菅とともに安倍をサポートしているのは、首席秘書官今井尚哉である（今井は経済官僚として資源エネルギー庁次長などを務めてきた）。この二人に対する安倍の信頼は極めて厚い。

安倍は当選後、麻生太郎を副総理（財務大臣兼任）に、高村正彦を副総裁に任命した。高村には安全保障体制の整備を委ね、集団的自衛権行使の容認を公明党に受け入れさせる役割を期待した。

†「美しい国」からアベノミクス推進へ

二〇一二年、新しい防衛大綱（第五次）に向けた動きが始まった。翌年九月には「安全保障と防衛力に関する懇談会」を設置して検討作業を始めた。

同年一二月には特定秘密保護法案が参議院本会議で強行採決された。米国などの軍事情報を得るためであった。安倍は支持率が落ちても仕方がない、と決断した。

一方で二〇一三年一〇月、消費税を五％から八％に上げた。予想どおり消費は落ち込んだ。安倍はさらなる消費税の引き上げは延期し、総選挙態勢に向かった。

二〇一四年四月には、武器の輸出を禁止してきた武器輸出三原則に変わる「防衛装備移転三原則」を閣議決定した。この狙いは最新兵器の国際的な共同開発への参加である（徳山二〇一四）。

二〇一三年一二月には、安倍は靖国神社を参拝している。菅官房長官らは靖国参拝に反対した。政権運営を難しくするとの理由からであった。

靖国参拝には中韓だけでなくアメリカも懸念を表明した。しかし、「日本会議」などに総裁選の党員投票で世話になっているから一度は行かざるを得ないと判断したし、参拝は選挙公約でもあった。その後は「靖国に行く、行かないは言わない」との方針を貫いた。

そして二〇一三〜一四年、安倍は「戦後レジームからの脱却」というタカ派的表現を封印し、意識して使わないようにした。「美しい国」路線を引っ込め、経済成長重視のアベノミクス推進を最重要政策に据えた。これが政策面における一次政権と二次政権の大きな違いである。

安倍は経済運営の一環として、大規模な金融緩和を通じた物価上昇を狙った。そのために（民主党政権下のデフレの元凶と見なして）そうした方針に消極的であった白川方明《しらかわまさあき》総裁を辞めさせ、アベノミクスを担うべくリフレ派の黒田東彦《くろだはるひこ》アジア開銀総裁を任命した。副総裁には主張を同じくする岩田規久男《いわたきくお》を就任させた。日銀の独立性を侵害することを厭わずであった。この人事によって金融政策が大きく転換した。

他方、二〇一三年三月、安倍は環太平洋パートナーシップ協定（ＴＰＰ）の交渉に参加する意向を表明した。

また二〇一四年四月、安倍内閣は民主党政権が掲げた「原発ゼロ」を転換する新たな基本計画を閣議決定した。

†日本版NSC構想

第二次安倍政権では、安倍首相が就任の記者会見で、国家安全保障会議を設置することを明言した。そして菅官房長官に「国家安全保障強化担当相」を兼務させた。二〇一三年二月、安倍を議長とする「国家安全保障会議の創設に関する有識者会議」を設置した。そこでの会議を踏まえて設置法の素案を作成した。

そして同年一一月、国家安全保障会議設置法が制定され、日本版国家安全保障会議（NSC）が発足した。第一次安倍内閣で安倍が提唱してから八年が経過していた。これと並行して国家安全保障担当総理補佐官を常設した。この会議は審議の迅速性を重視して首相、官房長官、外相、防衛相の四大臣で構成された。経済閣僚を参加させるべきだとの強い意見もあったが、安倍はそれを抑え込んだ。四大臣会合は原則として二週間に一度開かれることになった。

そして、諮問事項については九大臣によって審議されることとなった。九大臣とは首相、外相、防衛相、内閣官房長官、総務相、財務相、経産相、国交相、国家公安委員長からなる。この九大臣会合とは国家安全保障会議そのものである。

また、NSCは事務局長の下に事務局次長（次官級）を置き、原則として官房副長官補をもって兼任させるとした。事務局員は専任一〇〜二〇名程度で構成し、自衛官を積極的に起用することとした（千々和二〇一五）。事務局長には谷地《やち》正太郎《しょうたろう》内閣参与・元外務次官が就任した。

以上の経過からみて日本版NSCは、戦略作成や事態対処から創設されたものではなかったことがわかる（千々和二〇一五）。このことは日本の防衛政策の性格を如実に示したものと言えよう。

†集団的自衛権行使への取り組み

二〇一五年四月には安倍は、ぎくしゃくしていた日米関係を何とか改善すべく、アメリカ下院で演説した。そしてその夏には国会を九五日間延長し、安全保障関連法案の審議を行なった。この法案は集団的自衛権の行使を認めようとするものであった。国会議事堂の周りでは、法案に反対する学生団体「SEALDs」がデモを行っていた。そんな中、衆議院では強行採決を行った。

集団的自衛権行使の問題に安倍が本格的に取り組み始めたのは、彼が小泉内閣の官房長官に就任したときからであった（朝日新聞政治部取材班二〇一五）。それを補佐したのが、首相補佐官であった井上義行であった。

そして安倍が首相になると（第一次安倍内閣）、有識者会議「安全保障の法的基盤の再構築に関する懇談会」（安保法制懇）を設置した。憲法改正を避け、憲法解釈の変更を求めるものであった。これには内閣法制局の強い反対が予想された。しかし安倍は一年で退陣し、この会議の議論は宙に浮いてしまった。

二〇一二年に再登場した安倍は、翌年の参議院選挙でねじれを解消するまでは、経済政策を優先して安保問題には触れなかった。参院選で自民党が勝利すると、安倍は素早く、八月初旬には（集団的自衛権を認めようとしなかった）内閣法制局長官の山本庸幸《やまもとつねゆき》を辞任させ、代わりに元外務省国際法局長で当時駐仏大使であった小松一郎を任命した。外務省条約局と内閣法制局とは従来から犬猿の仲であった。法制局側が身構えたのも当然である。安保法制懇も再開された。

†公明党との交渉

当時、公明党は山口那津男を代表としていた。彼は公明党には珍しく、安全保障問題に強い関心をもった政治家であった。湾岸戦争の直後には私費でクウェートに入り、その惨状を目にしてきた。どんな支援が必要かを知るためであった。またそれ以前、一九九一年には他の公明党国会議員三人とともにカンボジアを訪れ、日本のＰＫＯが求められている実情を視察してきた。

山口は安倍に対して、慎重にことを進めるように求め、安倍も時間をかけることを約束した。

また、山口代表は公明党側の交渉役を、かつてカンボジアを一緒に訪れた北側一雄《きたがわかずお》に委ねた。安倍は自民党側のその役目を高村正彦副総裁に依頼した。

安倍の側から見れば、公明党の支持を得なくとも、集団的自衛権に前向きな日本維新の党やみんなの党と連携すれば、前に進むことができた。山口公明党代表に、安倍が公明党との連立を放棄して、この二党と連立するのではないか、との懸念が生まれるのも当然であった。しかし、政府と公明党との協議が複数のルートで続けられ、公明党は厳しい条件をつけた上で集団的自衛権を承認した。

二〇一四年七月に安倍首相は、閣議決定の形で集団的自衛権を使えるよう憲法解釈を変更することを決定した。「限定容認」と言われる。ただ、外務省はそれを超えて、国連安保理の下での集団安全保障の承認を求めて暗躍した。

公明党はこの争点が議題に出ることに猛反発したが、集団的自衛権につけた条件を満たせば集団安保も可能であることは明らかであった。この点では公明党は裏をかかれた形となった。

ここで、公明党との連立の意味に触れておこう。連立によって首相の政策決定権限が大きくなった。自民党だけでは決められなくなったことで、連立協議が必要となり、これを行う党幹部の影響力が（族議員に比して）格段に大きくなった。自民党が過半数を超えたとしても（実際二〇一四年の総選挙では自民党は単独過半数を獲得した）、連立は続けるだろうと予想されるのはそのためである。

3　第三次安倍内閣

†女性活用の裏側

安倍は、二〇一五年九月の総裁選挙で再選された。

二〇一六年八月の内閣改造直後には地方創生と女性の活用を掲げ、女性閣僚を五人起用した。このうち、高市早苗、山谷えり子、有村治子、稲田朋美の四人は、イデオロギー的に安倍に近い右派であった。第三次安倍内閣に登用された丸川珠代《まるかわたまよ》、島尻安伊子《しまじりあいこ》も同様であった。有村は日本会議の「日本女性の会」の副会長を務め、「英霊にこたえる会」の中條高徳が後援会長である。単に女性に活躍の場を提供したというものではない。

そして、新閣僚の記念撮影のとき、安倍の周りにこれらの女性閣僚を配置した。通常この配置は当選回数などで決まるのだが、それを無視した（田崎二〇一四）。この女性議員の登用で内閣支持率は一〇ポイントも上昇した。

さらにこの内閣は、省庁人事でも女性の登用を促進させた。二〇一四年七月、局長・審議官級の女性幹部をそれまでの八名から一五人に倍増させた。そして二〇一五年度の目標として全体、総合職ともに三〇％にする方針を決めた（大下二〇一四）。

†首相の大統領化

ところで、安倍の官邸主導とは首相の大統領化といってよい。実は安倍は、国会議員のうち官邸勤務が最も長い。それを基礎に外交、防衛は官邸で決める方針を貫いた。自民党外交部会は沈黙せざるを得なかった。

政治学者の御厨貴によれば、「官邸の官房長官室に行くと異常に賑わっています。秘書官や補佐官、統括官たちがしょっちゅう出入りして問題に応じて特命チーム体制で進めている」「菅さんが、「これは大事」という問題が投げ込まれると、チームができる。少人数で話をまとめるというスピード感がある」「財界はこれまで各プロジェクトを経済産業省などにもっていったものですが、最近は官邸にいく。その方が断然早い」（御厨二〇一五）。

郵政と道路公団の改革だけに官邸主導を貫いた小泉と違って、安倍の官邸主導は外交をはじめ、あらゆる政策分野で発揮された。

かくて自民党は利益誘導政治から（国家をめぐる）理念型政治に変わった。安倍は憲法改正を別とすれば、教育改革に強い熱意をもっている。第一次安倍内閣では、教育基本法の改正を行った。これからさらに一歩を進めたい考えである。

†戦後七〇年談話

二〇一五年の戦後七〇年談話には、何よりも「戦後の謝罪外交に終止符を打ちたい」という安倍の強い願いが込められている。この演説はドイツのヴァイツゼッカー元大統領を意識したものであった。彼はナチスによる戦争犯罪について、「あの当時子どもだったか、まだ生まれてもいませんでした。この人たちは自らが手を下していない行為について自らの罪を告白することはできません」と断じている。戦後生まれの安倍が、この言葉に共感しないはずはない。安倍は日本の近現代史に造詣がある（阿比留二〇一六）。世論調査でも多数がこの談話を評価した。

二〇一六年一二月には、就任後初の訪問国として中国を訪れた。そのための伏線として親中派の谷垣禎一を幹事長に、総務会長に同じ親中派の二階俊博を据えていた。

民主党政権時代には日米関係は冷え切っていた。安倍はこれを改善すべく努力し、オバマ大統領が求める防衛費の増額を決めた。

4 アベノミクス

†安倍発言で円安・株高へ

二〇一二年一一月、野田佳彦民主党内閣による解散直前に（次期首相になると予想されていた）安倍自民党総裁は、「ゼロ金利か、マイナス金利にするぐらいのことをしなければ」と大胆な発言をし、為替市場では直ちに円安が進んだ。安倍は下野中に経済についてもかなりの勉強をした。この大胆で断固たる発言の背後には、下野中のブレーンを囲んでの議論があった。従来の保守政治家には見られないような、あるいはさらに言えばそれまでの、特に第一次安倍内閣に見えた安倍の政治イデオロギーとは異質な経済政策を展開している。

下野中に、自民党が復権することを予想して、経産省官僚の支援を受けつつ、甘利明《あまりあきら》を中心とした「経済成長派」は「日本経済再生本部」構想を固めていった。一方で、イェール大学教授の浜田《はまだ》宏一《こういち》が、安倍に手紙を通じて自分の考えを披露していた。安倍もそれを通じて、経済への理解を深めていった。さらに財務官僚の高橋洋一も安倍に日々経済統計について説明した。

特に金融政策の重要性を繰り返し説いた。これを受けて、安倍は「デフレ脱却は金融政策で」と二〇一二年の総選挙で訴えた。

なお第三章で述べたように安倍は元来社労族で、この意味で祖父である岸信介《きしのぶすけ》が手掛けた社会保障制度の整備を引き継いでいた。アベノミクスをこの点からみると、経済成長によって豊かになった財政を社会保障の充実に使おうとしていたと考えられる（歳川二〇一四）。

そもそも安倍は小泉内閣の官房長官として、経済財政諮問会議にはかって「骨太の方針二〇〇六」（正式には「経済財政運営と構造改革に関する基本方針、通称「骨太〇六」）をまとめた経緯がある。この「骨太〇六」は向こう五年間の歳出削減計画であった。それは消費税増税を拒否するためのものであった。

†アベノミクスの評価

読売新聞の東京本社経済部長の斎藤孝光は、二〇一三年九月の時点で、アベノミクスについて次のように好意的・楽観的に評価している。少子高齢化や危機的な財政という課題は残ってはいるが、「日本経済はアベノミクスで、息を吹き返したように見える。円安と株高で企業や個人は久々に活気づいている。……デフレからの脱却にほのかな光が見えてきている」（読売新聞経済部二〇一三）。

産経新聞経済部の記者、田村秀男は「民主党時代の異常な円高の原因が、日銀の金融政策の失敗にあることは明白だ」と厳しい評価をしている。これに対し安倍自民党は「『日銀法の改正も視野に入れ大胆な金融緩和を行う』と言い切って総選挙を戦った」と言う。自民党の勝利によって円安、株高が実現した。

さらに田村は、日銀のこうした不合理な姿勢の背後に、日銀幹部の天下り先たる金融機関を保護する意図があるからだと非難している（読売新聞経済部二〇一三）。もっとも安倍発言以前から経済動向の上向き傾向は胎動しており、この円安、株高は安倍発言によるものではない、という見解も存在する（服部二〇一四）。要するに単なる偶然の時間的一致に過ぎないというのである。

†第一の矢、インフレ目標政策

さて、予想どおり首相に返り咲いた安倍は、「最大の問題点は長引くデフレと円高だ。すべての政策を総動員するときに来ている」とし、特に「インフレ目標政策」実現のため日銀による無制限の金融緩和の継続を唱えた。金融政策を政府の最重要政策とすることは極めて異例である。アベノミクスの第一の矢である。そのためには日銀人事の独立性をも無視して、黒田東彦を総裁に就任させた。

それまで日銀の政策を批判してきた黒田が総裁に就任したことで、金融緩和は一層加速された。黒田総裁自身が言うほどの「市場参加者の常識を超える、極めて巨額」の長期国債買い入れを行い、一部にバブルの再開を懸念する声が聞こえるに至った。

二〇一三年一月には日銀と政府の共同声明でインフレ率二%を「目標」とし、「目途」より格上げした。

飯田泰之《いいだやすゆき》駒沢大学准教授は「日銀が真の独立性をもつためには、それまでのように金融機関についてだけ責任をもつのではなく、米国の連邦銀行のように実物経済、製造業さらには雇用にまで目配りしなくてはならない」と言っている(読売新聞経済部二〇一三)。的を射た発言である。

このインフレへの誘導に対しては、国債が暴落して極めて深刻な経済危機が生まれるとの説が各方面、特に経済評論家から寄せられていたが、杞憂《きゆう》に終わった。

他方、実現しえた円安も内在的なリスクをもつ。円安で輸入業者や輸入品を購入する消費者が不利益を受けることに加え、円安がいつまでも続くと予想して輸出企業が過剰設備に走る危険があるからである。実際の推移は、一三年五月には既に株価は暴落し、円もわずかにではあるが上昇した。

†第二の矢、財政出動

第二の矢は財政出動で、特に即効性の高い公共事業の拡大によって地域経済を活性化することが試みられた。金融だけではなく財政も、というのである。これは旧来型の景気政策と批判されても仕方がない。しかし短期的効果は否定できない。

むろん公共事業には、たとえ無駄なように見えても都市と農村の格差を縮める効果がある。

†第三の矢、成長戦略

第三の矢は民間投資による成長戦略で、（特に医療と教育の分野での）規制緩和や企業減税、農業の企業化、女性・高齢者の雇用の促進などが主な柱となる。そのために「産業競争力会議」が設置された。

しかしこの成長戦略は規制緩和が主軸であって、あくまで民間主導であり、政府が直接促進するものではない。かつ長期的な戦略であって、直ちに効果が出るものでもない。（フランスの銀行BNPパリバのエコノミスト）河野《こうの》龍太郎《りゅうたろう》の言うように、「成長分野を発見するのは、市場であり、消費者である」（読売新聞経済部二〇一三）。TPP参加も規制緩和につながる。

また、第三の矢の一つの柱が年金積立金管理運用独立行政法人（GPIF、二〇〇六年誕生）

の改革であった。この改革をめぐって厚労省と金融庁・官邸が激しい綱引きを展開した。一〇〇兆円もの資産をもっていながら、運用がまずいというのが改革の趣旨であった。安倍内閣の下での改革で、運用資産は一五〇兆円に増えた。

ともあれ安倍は以上三つの矢によって、企業経営が回復・改善するだけでなく、雇用が拡大し賃金も上昇して格差も解消されるとする。しかし、アベノミクスは第一の矢が中心で、第二の矢が脇役で、第三の矢はまだ本格化していない、というのが実情である。

†むすび

最後に、第二次以降の安倍内閣に特徴的なことを二つ指摘しておこう。

第一は、警察官僚が公安情報として、何百人もの官僚の言動を知り尽くしていることである。そのため、官僚人事を警察が握っているといってよい状態にある（御厨他編二〇一八）。安倍首相の官邸に警察官僚がいて、官僚の人事に影響力をもっている。長期政権になると、彼らの影響は一層強くなる。しかし、彼らは各省庁の官僚と違って社会の現状をあまり知らない。

第二は、自民党内における理念型グループの登場である。例えば、一九九七年に中川昭一、安倍晋三らは、「歴史教科書を考える若手議員の会」を設立し、従軍慰安婦の記述の見直しを求めた。

安倍内閣は史上最長を記録し、極めて安定している。野党が四分五裂《しぶんごれつ》しているだけでなく、自民党内で首相候補を育てる機能をもっていた派閥はもはやその力もない。安倍の後継者は全く見えてこない。これが危機といえば贅沢な危機である。

第十章

平成の日本外交

国際政治における日本の初の本格的人的貢献は、一九八九年、国連ナミビア独立支援グループへ、全国都道府県に人員拠出を求め、自治体職員を中心として選挙監視要員を派遣したことに始まる(庄司二〇一五)。この時は人的貢献以外にも、財政支援として国連カンボジア暫定統治機構(UNTAC)立ち上げ経費一三五五万ドル、ナミビア難民帰還経費二五〇万ドルを拠出した。竹下登内閣の時代であった。

ナミビアでは、独立を求めるゲリラグループが隣国アンゴラから越境し、銃撃戦となった。ところが日本ではこのニュースはほとんど報道されず、社会党も国会で問題にしなかった。一〇月、三一名が現地入りした。

竹下は就任後初の所信表明演説で「世界に貢献する日本」をアピールしていた。竹下が自治体職員に選挙監視を求めたのは、日本の自治体職員は頻繁に国政・地方両方の選挙の実施を通じて選挙業務に精通しているとの判断があったからである。

また、竹下が政権を担当した時期は、第二章で述べた「日本異質論」「修正主義」が登場し、ジャパンバッシングの激しい時期で、竹下はこれに対応する必要から人的貢献を迫られ、外務省はこれに積極的に取り組んだ。

これは、「世界に貢献する日本」を世界に発信する絶好の機会となり、国際的に高い評価を得た。この派遣がカンボジアへの派遣に道筋をつけ、日本外交にとって重大な転機となったのである。

1 湾岸戦争

†一三〇億ドルの戦費負担

リクルート事件で退陣した竹下首相の後を継いだ宇野宗佑が、二カ月で辞任に追い込まれ、その後を受けて海部俊樹が首相となった。海部は弱小派閥の河本派に所属していたが、クリーンというイメージを買われて、一九八九年八月、政治改革の課題を背負わされて竹下派に担がれる形で首相に就任した。

この時期、世界政治の大きな変動が始まった。すなわち、まず一九九〇年八月、イラクがクウェートを突然侵略した。海部首相下の日本政府は、直ちにイラクからの石油の輸入禁止、輸出禁止、商取引禁止を決めた。ジョージ・H・W・ブッシュ大統領から言われるまでもなく、経済制裁措置を自主的に決めたのであった（折田二〇一三）。

日本政府は平和回復のために一〇億ドルを提供する用意があると述べ、次いでそれを増額した。大蔵省の強い抵抗を押し切ってであった。橋本龍太郎蔵相はさらに九〇億ドルを提供することを決断した。これは橋本自身がブレイディ財務長官の前で、一五分で判断した。かくて最終的には一三〇億ドルに達した。

この一三〇億ドルは、戦火による被害の復興のためではなく、アメリカの戦費に使われた。国民一人あたり一万円の負担であった。当時の日本の財政事情にかなり余裕があったからできたことである。この資金の捻出のため、ガソリン税と法人税を上げた。

当時、創価学会は東京国税局の税務調査を受けていた。墓園会計に多くの申告漏れがあったためであった。加えて池田大作会長の自宅には多数の美術品が隠されており、学会は窮地に陥った。水面下で竹下元首相が動き、公明党は、反対していた湾岸戦争への財政支援に賛成に転じ、かつPKO法案に賛成して、政府はこれを切り抜けた。

†アメリカの反応

他方、米政府は米国の戦費を一日五億ドルと計算し、その三カ月分、四五〇億ドルの二割を日本側に負担させることを要求し、それを勝ち取った（佐々木一九九二）。ブッシュ大統領はこれを大歓迎した。しかしアメリカの兵器の大半は冷戦時代に対ソ戦に備えたもので、破棄寸前のものであった（朝日新聞外報部一九九一）。

ところが、米議会は依然日本とドイツの対応に極めて不満であった。特に湾岸地域からの石油に一番頼っている日本はもっと積極的な対処をすべきである、というのであった。

海部首相は、自衛隊の輸送機を飛ばす案が出たとき、最初これに消極的で民間機の派遣を考えるべきだと主張した。「護憲ハト派」と評された海部ならではの発想であった。海部は衆議院議員に当選したばかりの頃、他の若手議員とともに青年海外協力隊を一九六五年に設立していた。これは、ケネディの平和部隊をモデルにしたものであった（海部二〇一〇）。

しかし党三役は強硬で、彼らに押されて海部も自衛隊機の派遣に同意した。避難民の輸送のためであった。

最初は自衛隊とは別組織（国際平和協力隊）を作ろうとしていた外務省も、自衛隊派遣を認めざるを得なくなった。ブッシュ大統領の強力な圧力がものをいったのである。

実は竹下内閣時代から、国連ＰＫＯなどに要員を出すための法律を作成しようと外務省内で検討が始まっていた。海部内閣はそれを受けて「国際協力構想」を打ち出した。それをもとに国連平和協力法案（ＰＫＯ法案）が作成され、一九九〇年一〇月に国会に提出された。しかし、この法案は社会党と公明党の反対で、国会で紛糾し、衆議院で廃案になってしまった。アジア諸国の反発も一因であった。

しかし、湾岸危機に直面してそれまで自衛隊の派遣に消極的であった海部は、「大転換」を果たし、派遣に前向きになるとともに「国際平和協力法案」作りに邁進した（国正一九九九）。公明党はこれに反対で、特に創価学会の婦人部の反対が厳しかった。しかし、同党幹部はこの抵抗を押し切って、結局は自民党の方針を支持した。先のような事情からであった。

†人質の解放

目を転ずると、クウェートには当時二六一名の邦人がいた。彼らが人質になってしまった。その多くは日本航空の社員であった。サウジアラビアへの米軍の物資の輸送を日本政府が要請していた時期であり、デリケートな問題となった。しかし結局、一一月、中曽根康弘元首相のイラク訪問、フセイン大統領との会見によって七四人の人質が解放された。中曽根復活のための快挙となった（当時中曽根はリクルート事件で自民党を離党していた。朝日新聞湾岸危機取材班一九九一)。

†掃海艇の派遣

一九九〇年一一月末に、翌年一月一五日までにイラクがクウェートから撤退することを求める国連安保理決議六七八が出された。これを受けて、ブッシュ大統領からの直々の要請もあり、日本はペルシャ湾に掃海艇《そうかいてい》を出すことを決めた。日本の掃海能力は世界的に見ても相当に優れたものであり、海部首相もこれに非常に積極的であった。自ら呉《くれ》での出港式に出席したほどである。ペルシャ湾に向けて六隻五一一名の海上自衛隊員が出航したのは、四月末であった。自衛隊の海外派遣の第一歩であった。

もっとも掃海設備は旧式で、隊員の職人的技能に頼っていた(関他二〇〇四)。太平洋戦争期に日本軍と米軍とによって設置された約七〇〇〇個の機雷を長年にわたって根気よく処理してきた経験の積み重ねのたまものであった。また、彼らの礼儀正しさと規律ある態度は現地の人々の賞賛を浴びた。

ただし既に述べたように、海部内閣は一種の傀儡政権で、実権は竹下登、金丸信、小沢一郎(すべて当時最大派閥の竹下派)、特に幹事長の小沢が握っていた。湾岸支援のための財政支援は、主としてこれらの政治家によってイニシアティブがとられた。特に消極的な姿勢をとっていた公明党に対する説得においてである。

†クウェートでの活動

この掃海艇の活躍について、桜林美佐《さくらばやしみさ》の著書に拠りながら紹介しておきたい。

掃海艇の派遣は、ジェームス・E・アワー(元米国国防総省日本部長)が湾岸地域に多数の機雷があることを知り、『産経新聞』に緊急提言したことに始まる。米政府の意向を探りに船田《ふなだ》元《はじめ》議員は、小沢一郎の依頼でワシントンを訪問し、日本がとるべき貢献策を非公式に打診した。そこで掃海艇の派遣が提案され、実現した。

ペルシャ湾では、米、英、サウジアラビア、ベルギーが既に掃海作業を始めており、これに独、仏、伊、蘭の四カ国が加わろうとしていた。海上自衛隊は四隻の掃海艇を派遣した。出港時には、市民団体が「掃海艇派遣反対」の横断幕を掲げて、「二度と帰ってくるな」といったシュプレヒコールを続けた。

ペルシャ湾に着いてみると、多くの機雷は既に多国籍軍によって除去されており、最後にやってきた日本の掃海艇が挑むのは、多国籍軍が避けていた湾の奥の、除去するのが難しい約二〇〇個の機雷であった。時には気温五〇度を超え、虫に悩まされる中で、かついつ爆発するかわからないリスクを抱えた作業であった。懸命の作業に、傍らで見ていた他国の海軍の人々は大いに驚いた。

整備点検のためバーレーンに寄港した際には、他国の海軍は、とかく上陸となると暴力事件を起こすことがあったが、海上自衛隊は全くトラブルがなく、各国の指揮官を羨ましがらせた。機雷除去後、クウェートは湾岸危機の解決に協力した各国の国旗に、日本の日の丸を並べた記念切手を発行した。しかしこの事実は日本ではほとんど報道されなかった。

†評価されなかった自衛隊派遣

ただ、こうした努力にもかかわらず、日本ではクウェートからは十分に評価されていないかのように報道され、誤解が広がった。アメリカの新聞でのクウェートの感謝の広告には、日本の名前が含まれていなかったからである。実は、日本政府は湾岸戦争で日本が貢献したことを知られると国内世論の批判や中国、韓国からの批判を受けるとして、これを伏せてくれるよう米国に要請していた。この要請がまだ生きていると判断したアメリカの措置によってこういう事態となった。その後は、米国は過剰なほどに日本の貢献を賞賛している。

海部の不満に対して在日クウェート大使は平謝りに謝り、次回は必ず日本の名を挙げると約束した。湾岸戦争五年目にクウェートが発行した切手には「日本に感謝する」の言葉があった。

また二〇〇八年、クウェートのナセル首相は福田康夫首相を訪れ、一三〇億ドルへの感謝の意を伝えた。日本がトラウマに陥ったことがクウェートによく知られていたことを示す事実である。

しかし、派遣された自衛隊員にとってそれ以上に苦々しかったのは、日本国民の多くがこの命がけの「貢献」に否定的だったことである。その上、当時は国会でPKO法案が廃案となり、掃海活動はPKO活動とはみなされなくなった。

†PKO派遣の模索

米政府がもっとも必要としていたのは資金であった。日本からの資金援助はサウジアラビアに次ぐ高額であった。後日、米国高官は「日本の援助がなかったら「砂漠の盾」作戦は八月に財政破綻していた」と述べている。

湾岸戦争は一カ月余りで、九一年二月末に終わった。米議会は「ヒトを出さなかった」と依然不満であった。

日本政府、特に渡辺美智雄《わたなべみちお》元政調会長は、次なる課題としてカンボジアへの自衛隊PKO派遣を模索し始めた。

2　ＰＫＯ派兵

†国際平和協力法の可決

湾岸戦争から二年後、一九九二年六月、宮澤内閣の下で「国際平和協力法」（ＰＫＯ法、正式には「国際連合平和維持活動等に対する協力に関する法律」）を再審議のあと衆議院で可決した。賛成は自民、公明、民主の三党であった。社会党、社民連が、総辞職願いを議長に提出するという異例の事態の下においてであった。

そもそも一九九一年六月、自民党では小沢一郎を会長に「国際社会における日本の役割に関する特別調査会」を発足させ、翌年二月には「提言要旨」を総務会にかけた。一一月には衆院の特別委員会で自民、公明が強行採決に踏み切った。この強行採決には公明党内部から批判の声が上がった。参院で過半数をもっていない自民党としては公明党の支持は不可欠であった。この時期にカンボジアのフン・セン首相が来日し、各党に自衛隊の派遣を求め、それがきっかけとなって公明党の支持が固まった。

民主党はPKO法での自衛隊の海外派遣について、国会承認を条件とすることを強く求めた。他方、公明党は国連平和維持軍（PKF）への自衛隊の参加の凍結、後方支援部門への参加の必要性を強調した。政府は両者の主張を取り入れ、一九九二年五月にPKO修正案の骨子を公表した。そしてこの修正案は、六月に参議院に提出され、実質二日間の審議の末、採決された。

†カンボジア派遣

カンボジアでは一九七〇年以降内戦が続いていたが、一九九一年一〇月に「カンボジア和平パリ国際会議」が開催され、ついに内戦が終結した。その停戦監視や選挙の実施、橋の修理などのために「国連カンボジア暫定統治機構（UNTAC）」が設立された。そしてすなわち平和協力法が成立して三カ月後の一九九二年九月に、自衛隊員総勢一二〇〇名が、カンボジアに派遣され一年間活動した。これが自衛隊の最初のPKO活動であった。カンボジアには文民警察官も派遣された。警察官の一人が武装グループに襲われ、物品を強奪されたが負傷はなかった。犠牲が出ると引き揚げ論が登場すると懸念されたが、引き揚げは考慮されなかった。

ところが、一九九三年五月、UNTAC部隊が武装集団に襲われ九名が死傷した。日本人も文民警察官一名が死亡、四名が重軽傷を負った。警察庁長官は「これ以上やっていられない」と発言し、小泉純一郎郵政相は、「血を流す国際協力」に異議を唱えた。メディアも批判的であった。

しかし、宮澤首相は外務省の小和田恆《おわだひさし》次官らの意見を聞いて、安全対策を強化することで踏ん張った。ここで日本が動揺すれば、カンボジアの過激勢力、クメール・ルージュの思う壺ではないか、というのであった。カンボジアでの選挙は断固実施させるという決意であった。警察庁長官は現地に飛び、約二〇名の警察官に「帰国してもよいが、どうか」と尋ねた。全員、残って任務を全うするとの返事であった。

一九九二年九月以降、周到な準備を経て、カンボジア国境地域で、自衛隊員の停戦監視、文民警察官による警察行政指導活動、自衛隊施設大隊による土木作業が行われた。さらに翌年五月、一般国民から参加を募って一三〇〇名余りの日本人がUNTACに参画した。国連ボランティアとして参加した二八名の日本人も現場で活躍した。外務官僚の河野雅治《こうのまさはる》は、「日本人がこれほどの規模でこれほどの幅広い分野でPKO活動に参加することは、空前のことであった」と記している（河野一九九九）。

†調査団を派遣しアフリカ・モザンビークへ

次いでもち上がったのが、旧ポルトガル植民地モザンビークで、アフリカへの初の派遣であった。

日本政府は、一九九二年一二月、国連から国連休戦監視機構に自衛隊を派遣することについて数度の打診を受けた。このときはソマリアも話題に上ったが、治安が悪いと派遣の是非の議論はモザンビークに集中した。

外務省は「小規模でもよいから」と積極的であったが、防衛庁は消極的であった。世論はカンボジアについては関心も高かったが、遠いアフリカまでなぜ出かけていかなければならないのか、説得力に欠けるというのであった。

そんな折、ブトロス・ブトロス＝ガリ国連事務総長が日本を訪れ、宮澤首相に直接、積極的貢献を要請した。ガリとしては、国連で米国があまりの圧倒的力をもつことを懸念し、バランスをとるために日本により大きな貢献をしてもらいたい、と述べた。

日本政府は、まず調査団を派遣したいと国連に提案した。国連側はこういうことが慣例になっては困ると考えてこれに反対の意を表した。しかし結局、調査団を派遣することになった。三月に帰国した調査団は治安に問題はないとの判断を下した。

自民党内で後藤田《ごとうだ》正晴《まさはる》などの否定的意見もあったが、宮澤首相の決断で輸送調整部隊五〇名と司令部要員数名に限定して、派遣を実施することを決断した。ちょうどこの時期、カンボジアでブルガリア部隊三名が殺害された。外務省はこの事件の影響を懸念したが杞憂に終わった。

ただ、準備不足で出かけた自衛隊員はモザンビークで苛酷な経験を強いられた。ロジスティクスが十分でなかったのである。しかし彼らは一年九ヵ月間の派遣を全うした。モザンビークへの派遣について、宮澤の慎重姿勢を押し切ったのは外務省であった。

†世論の支持の上昇

モザンビークのあとに、ルワンダ（ザイール）への派遣要請があった。緒方貞子《おがたさだこ》国連難民高等弁務官からの強い要請もあった。ルワンダは、ツチ族とフツ族の内戦で多数の難民が出た国である。一九九四年、日本では村山富市自社さ政権の時期であった。三党合意では、国連の平和維持活動に積極的に参加するとされた。

ルワンダ派遣については、再び外務省がイニシアティブをとった。難民救済活動として、であった。当時までには、自衛隊派遣に対する世論の支持は固まっていた。ただ、派遣部隊の機関銃携行は、村山内閣に難題を突きつけた。閣内で反対する者が現れたからである。

その後、ゴラン高原（シリア）、東ティモールと五回のPKO派遣を実施してきた。ルワンダでは、NGOと協力して医療活動を展開した。そこでの脅威は軍事的なもの以上にマラリア、エイズ、その他の風土病などの感染であった。

3　イラク戦争

†アメリカへの迅速な支持表明

二〇〇四年二月から三月にかけて、陸上自衛隊の主力部隊五五〇人がイラク南部のサマーワに入った。イラクの復興支援のためである。

二〇〇一年の「九・一一」のテロ攻撃に対し、就任して間もない小泉純一郎首相の対応は早かった。九月一九日には、自衛隊による後方支援の新法作成の指示を出した。外務省と防衛庁はこれを受けて検討を始めた。アメリカによるアフガニスタンへのミサイル攻撃にも「強く支持する」と談話を発表した。

二〇〇三年三月に始まったアメリカのイラク攻撃に対し、小泉首相は（おそらく防衛庁長官たる石破茂を含め誰に相談することもなく）直ちに支持を表明した。苦悩の内での孤独な決断だったと言われている。アメリカはこの支持表明を非常に高く評価した。イギリスのブレア首相も同様に日本の支持を歓迎した（折田二〇一三）。イギリス国内ではイラクへの武力攻撃に反対する勢力が強かったため、日本ですら支持している、と言いたかったのであろう。

むろん小泉の決断の背後には、（日米関係をライフワークとする）国務副長官リチャード・アーミテージからの、艦船や航空機の輸送業務などについての要請が、駐米大使に直接行われていたという事情があった。

一方、フランスやドイツは米国にあまり協力的でなく、韓国でも反米の声が挙がっていた。ロシアや中国も反対で、アメリカが孤立する状況であった。それだけに日本の全面的支持は一層ありがたいものであった。米軍の自衛隊に対する態度は、これをきっかけに大きく変わった。

†イラク特措法の成立

国内での強い反対（公明党ばかりか自民党にも存在した慎重姿勢も含め）を懸念したが、小泉はイラクへの復興支援を断行した。支援しないという選択肢はなかった。小泉にとってブッシュ大統領との個人的信頼関係はなんとしてでも守るべきものであった。そもそも「九・一一」直後、小泉はテロを非難する談話を発表し、邦人保護を含め多岐にわたる対策を検討させていた。

この流れがインド洋における給油活動に結びつくが、元防衛官僚（防衛庁官房長、防衛研究所所長、のち内閣官房副長官として官邸に移籍）柳澤協二《やなぎさわきょうじ》の言うように、異例のスピードであった。「湾岸戦争」の苦い経験を繰り返すまいとの判断からであった。

かつてはカンボジアでのPKOに反対であった小泉の鮮やかな「変身」でもあった。小泉は三年前の湾岸危機の際、自衛隊の海外派遣に反対の立場をとっていた。外務省の国連安保理入りの努力にも強い懸念を表明していた。

ただ、アメリカ側が日本に「ブーツ・オン・ザ・グラウンド（地上部隊の派遣）」を要請したことには、直ちに対応はできなかった。日本政府はむしろ、戦後復興支援に傾いていた。その一因は、ブッシュ大統領の戦闘終結宣言が出されても、イラクの治安情勢が悪かったことにあった。

しかし湾岸戦争の経験もあって、自衛隊を全く出さないことも難しかった。世論調査は対テロ対策について、自衛隊の活動を支持するものが多数を占めるに至っていた。

小泉は「非戦闘地域」というキーワードを軸に、自衛隊の活動地域をそこに限定するとの立場を取ることにした。そしてイラク特措法（イラク人道復興支援措置法）が、六月に閣議決定された。翌七月にこの法案は国会を通過した。テロ特措法とこのイラク特措法とは、防衛庁・外務省の主導で作られたのではなく、官邸主導で作られた。

†サマーワへの自衛隊派遣

アメリカによる早期派遣の要請を受けて、翌二〇〇四年一月に陸上自衛隊の先遣隊《せんけんたい》がイラク南東部の地方中核都市サマーワに派遣された。まず派遣する一〇〇名を選ぶのに苦労した。八〇〇名もの隊員が希望したからである。選ばれた中には一一名の女性隊員もいた。そして四月には六〇〇人が派兵されて、給水、学校や道路の復旧などインフラ整備に本格的活動を開始した。現地では各国要人が訪問した際「信じられない整然さだ」「何という清潔さだ」と一様に驚いたという。サマーワ地域の治安維持は主としてオランダ軍が担当した。

外国の軍人が驚いたことの一つは、「宿営地建設のために現地で雇用したイラク人従業員たちが、夕方になってもまだ働いている」ことであった。欧米の建設現場では、みんな三時、四時になると帰ってしまっていた。

これは仕事のやり方が違うところに原因があった。外国の場合、現地雇用の作業員に任務を命じたら、あとは現地人だけを働かせる。ところが、日本では幹部自衛官であっても、彼らと一緒になってともに汗を流す。日本人とイラク人がチームを作り、有刺鉄線で服もボロボロ、体中血だらけ、汗まみれになって作業を続けた。昼食を分け合ったりもした。一緒に働く喜びを感じ、いったん意気に感じると、隊員と一緒になって夕方まで働いた。ある隊長は「雇用した作業員と一緒に汗をかくことで、さまざまな情報が彼らから寄せられた」と自らの経験を述懐している（宮嶋一九九三）。

サマーワで取材したジャーナリストの小倉孝保《おぐらたかやす》によれば、あるイラクの医師は「日本の最先端の医療技術に触れ、夢のような時間だった。また日本人はみな礼儀正し過ぎるほど礼儀正しかった」と述べた。また、宿営地に機械を導入したイラクの商社社長は「日本人の姿をみることで、国のために働くことの素晴らしさを教わった」と語った（小倉二〇〇八）。

復興支援のためのイラクへの自衛隊派遣では、これまでの国内での基地対策や災害派遣などにおける陸上自衛隊による地元との対話重視の経験に裏付けられて、地元のサマーワとの良好な関係に十分な配慮をした。

サマーワへの派遣はPKOと見なされなかったので、国連への活動予算は全く出なかったため、施設復旧などの作業を急ぎたい自衛隊は資金難に直面した。そこで外務省の所管するODAの一部をそれに当てることで当座をしのいだ。

†自己責任論の台頭

その間、三人の邦人ボランティアが人質となった。犯人の要求は自衛隊の撤退であった。小泉は「テロリストの要求には屈しない」との態度をとった。マスコミでは「自己責任」という主張が幅をきかせた。「危ないと言われているところへ行く以上、自己責任ではないか」というのであった。結局三人は、宗教指導者の仲介で釈放されたが、身代金が犯人側に支払われたとの疑念は拭えない。

†制服組と背広組の対立

さて外務省は、派遣に消極的な野中広務元幹事長、青木幹雄参院幹事長ら橋本派幹部に対する「説明」に全力をあげた。他方、自衛隊幹部（制服組）が派遣に積極的なのに対し、内局（背広組）は慎重姿勢を崩さなかった。それどころか自衛隊幹部が外務省の協力を得て、内局の頭越しに政治家や米軍関係者を訪問し、工作するのを苦々しく思っていた。両者は明瞭にライバル関係に立った。それまで内局に頭を押さえられていた制服組がアメリカの要請を機に反撃に出たわけである。

米国は最新機のイージス艦の派遣を強く要請していたが、日本政府はこれには応えられなかった。むろん公明党は慎重論であった。そして野中は公明党との協調を力説していた。

当時イージス艦は、米国は別として世界中でスペインと日本にしかなかった。日本のイージス艦は、海上自衛隊が米国製のイージスシステムを組み込んだ米海軍の設計図を基に作り上げたもので、高い防空能力、情報分析能力をもっていた。

†常任理事国入りの挫折

二〇〇六年七月にサマーワからの撤収が行われ、その直後に小泉は辞任した。イラク派遣は自分の任期中に終わらせる方針で、それを実現した。

秋の臨時国会では、インド洋給油のためテロ特措法の延長問題が浮上した。

イラク派遣の実績を踏まえ、二〇〇四年九月に小泉は国連総会で演説し、より大きな国際的貢献をするために常任理事国になりたいという希望を表明した。しかし、国連内部で賛同を得られず、この試みは画餅に終わった。

4　中国と北朝鮮の脅威

†中国の膨張主義への対処

二〇〇五年頃から、中国は資源・エネルギーの確保のためアフリカに進出するようになった。そして中国は中東・アフリカへの海上交通路の確保のため、艦船が安全に寄港できる数カ所で港湾の建設を進めた。一九九〇年代初頭まで「沿岸海軍」に過ぎなかった中国海軍は目覚ましい発展を遂げていた。例えば、スーダンの石油の三分の二は中国に輸出されるようになった。

アメリカと日本は、この中国のアフリカ進出に対抗して、アフリカに繰り返しＰＫＯの派遣を行った。極めて戦略的な派遣であった。

もう少し具体的に見てみよう。二〇一四年から三年間、ソマリアの海賊を撃退するため、海上自衛隊の護衛艦二隻と哨戒機《しょうかいき》がアデン湾に派遣された。この派遣は安保法制の適用第一号となった。

三年間の活動で成功を収めて、海賊の被害が激減した。撤収させてもよい時期となったが、アデン湾に隣接するジブチに開設した事実上の自衛隊基地は、二〇一七年八月に逆に拡張された。防衛省はジブチを海賊対処に限定せず、恒久基地として活用を続ける方針を明らかにした。同年八月に中国が同じジブチに海外基地を開設したことに対抗するためであった。

なお、二〇一五年の安保法制は国際的には重要な一歩と認められた。フィリピンでの首脳会談において、オバマ大統領は安倍首相に対し「安全保障関連法の成立を心からお祝いする」と述べた。中国の膨張主義を念頭において、であった。安保法制の国際的意義について安倍首相は自覚的だった。また海上自衛隊はこの安保法制を非常に高く評価し、これができたために世界の軍隊並みになれたと喜んだ。

自衛隊のアフリカでの任務としては、二〇一五年からのナイロビにおけるアフリカ諸国の兵士に対する重機操縦の指導があった。こうした活動は日本では全く報道されていない。

二〇二〇年冬の時点で、ＰＫＯは一四の国と地域で展開されており、うち半数がアフリカにおいてである。

†対立構造の変化

以上のように、国際貢献と並ぶ一九九〇年代以降の日本外交の最重要課題は、（前述のアフリカへの進出を含む）中国の膨張主義にどう対処するか、であった。周辺諸国・地域への膨張としては、チベット・ウイグルへの進出と、南シナ海、東シナ海への（ASEAN諸国に脅威を与える）進出が顕著であった。新疆《しんきょう》ウイグル自治区はアフガンと国境を接し、中国からの独立を求めるイスラム系組織がテロ活動を続けている。

以上に加えて二〇一三年一一月、中国は抜き打ち的、かつ一方的に東シナ海の上に防空識別圏を設定した。中国はこうした「膨張政策」のために軍事力だけではなく、経済力をも動員している。「アジアインフラ投資銀行」設立はその一例である。この膨張主義のゆえに中国はむしろ孤立した。

ここでの日本にとっての潜在的同盟者は言うまでもなくロシアである。冷戦時代には中国はソ連を封じ込めるための西側の同盟者であった。また核開発へ向かう北朝鮮の暴走を防ぐために中国は貴重な協力者であった。しかし、その対立の構図が大きく転換したのである。

中国の軍事大国化で脅威を受けるのは、アフリカや東シナ海だけではない。それどころか、台湾海峡を含む東アジア全域においてである。

二〇〇六年、米国は在日米軍の大々的再編を手がけたが、それは増大する中国の軍事的脅威に対処するためであった。イラク戦争など中東問題にかかわっている間に、東アジアでの中国の軍事的脅威が増大していたことに米国の防衛担当者は驚愕した。慌てて米軍再編と日米協議を始めた。

その際、当然に自衛隊とのより密接な協力が求められた。具体的には、後方支援に加えてP3C対潜哨戒機の活用により中国海軍の動向を探ることが期待されている。

†中国国内の問題

中国では党首脳や幹部さらには軍の幹部に汚職が蔓延し、貧富の格差も失業も増大し、恐るべき環境汚染にも悩まされている。また格差や失業に対する抗議デモも頻発している。さらには少子高齢化という問題もある。

二〇〇五年四月には大々的な反日デモが起こったが、その矛先が中国政府に向けられない保証はない。彼らは深刻な内政問題を抱えている。また軍が独自の力をもっているのではないかとの観測もある。それらの国内要因が、中国外交に大きな影を落としている。

中国の内政に潜むこうした脆《もろ》さが露呈するようだと、米中、日中関係は危険なものとなる。

その危険に対処することは恐らく膨張主義に対処するより難しいであろう。

†北朝鮮の脅威への対応

一九九八年八月末、北朝鮮はテポドンを発射し、このミサイルは日本の上空を越えた。これが日本政府に米国との共同技術研究を決断させた。

実は、第一次安倍首相の時代、北朝鮮の核実験は日本の安保関係者に大きな衝撃を与えた。安倍は総裁選において官邸の外交・安全保障に関する権限の強化を訴え、首相就任後、既に述べた国家安全保障会議（日本版NSC）を設置しようとした。小泉内閣の下で成立した安全保障の官邸主導を制度化しようとしたのである。秘密保護法の検討も行われた。だが「消えた年金問題」などで国会が紛糾し、日本版NSC法案も秘密保護法案も福田康夫内閣の下で廃案となった。

その後、二〇〇八年一月、新テロ特措法が衆議院の再可決で成立した。これを受けて福田内閣はインド洋での給油を継続した。六月、そのつど特別措置法を作るより一般法を作るべきだとの声を受け、与党内にプロジェクトチームが作られた。特にPKO派遣が議論の中心を占めた。公明党は当初消極的であったが、やがてこの議論を受け入れた。

二〇〇八年五月、米政府はアフガニスタンへの自衛隊の派遣を打診してきた。防衛省、外務省はこれを行うべきだと考えたが、福田首相は乗り気でなく結局断った。

続く麻生太郎内閣を待ち受けたのは、インド洋での給油を続けるための新テロ特措法の一年延長を求める改正であった。この改正は一二月に実現したが、二〇〇九年の総選挙で民主党政権が誕生し局面は急展開した。

5 国家安全保障会議（日本版NSC）

†安倍による長年の構想

二〇一三年一一月、国家安全保障会議（日本版NSC）関連法案が可決され、第二次安倍内閣を組閣した安倍は、翌月自らが議長となるNSCを発足させた。首相直属の戦略決定機関である。この構想は彼がかねてから温めていたものである。

安倍はそもそも小泉内閣の官房長官として、イラク戦争における米国との関係の調整に尽力した経験をもっていた。この過程で安倍は米国のホワイトハウス、NSCのスタッフと知り合った。そこから安倍は、日本版NSCの構想を得た。他方、この構想は橋本内閣が行った行政改革における「経済財政諮問会議」の構想の後継とみることもできる。

安倍は第一次内閣では、「国家安全保障に関する官邸機能強化会議」を設置し自ら議長となり、国家安全保障問題担当の首相補佐官に衆議院議員の小池百合子を任命し、議長代理とした。小池の任命に官房長官・塩崎恭久が反発し、激しい主導権争いが生まれたが、安倍の突然の辞任で、この対立が深まることはなかった。

前述のように、続く福田康夫首相は、日本版NSCは必ずしも必要ないと、NSC法案を事実上葬った。続く麻生太郎も短命に終わり、日本版NSC構想は一旦は終焉した。

†野田首相の日本版NSC構想

二〇〇九年民主党政権が誕生し、鳩山由紀夫首相は、「国家戦略室」なる組織を設置したが、経済運営を目標とするものであった。続く菅直人首相にあっては、外交防衛問題には全く関心がなかった。さらに続く野田佳彦首相は党内に日本版NSCのための特別チームを編成、中間報告をまとめさせた。前原誠司は、野田政権のもとで国家戦略担当大臣に任命され、民主党のNSC問題プロジェクトチームで検討を続けた。そしてその検討結果を自民党の有力者に伝え「超党派の案件」として引き継いでくれるよう依頼した。その一人が安倍晋三であった。

安倍は首相に返り咲くと、二〇一三年六月、日本版NSCの設置法案（二〇一三年度版NS

C構想）を閣議決定し国会に提出した。内容としては前述の第一次安倍内閣において廃案となった二〇〇七年度の構想とほとんど変わりがない。言い換えると二〇〇七年度版に対して寄せられた批判、改善点がまったく取り入れられていなかった。具体的に言えば、責任者が重層的でライバル関係が生じかねないという点である。また警察庁による不信感も払拭できていない。

NSC設置と並ぶものに前述の特定秘密保護法がある。「国民の知る権利の侵害」や「報道の自由の制約」などの理由でジャーナリズムからの反対が強かった。連日、法案阻止に向けたSEALDsやシニア左翼によるデモも行われた。公明党も慎重であった。この法案は、最終的に公明党の賛成を得、また野党の修正意見も入れて、二〇一三年一二月に成立した。

こうして第二次安倍内閣による積極的な外交が展開されていくことになる。

†中国、北朝鮮への対応を検討

NSCの初会合ではさっそく、中国が一方的に設定した東シナ海上空の航空識別圏への対応や、北朝鮮情勢が議題となった。そして首相、外務大臣、防衛大臣、官房長官からなる「四大臣会合」を二週間に一度開くこととなった。初代事務局長には、安倍が個人的に信頼をおく元外務次官の谷地正太郎内閣官房参与を任命した。

6　北方領土をめぐる日露交渉

†中国を含む三者の関係

ロシアとの友好関係は、軍事・経済大国として台頭する中国を牽制する最も効果的な手段であるが、北方領土問題の存在がそれを難しくしている。

日ソの経済交流の扉を開いたのは、一九八五年ゴルバチョフの新思考外交で、翌八六年のウラジオストク演説において「極東を開放し、太平洋経済共同体にする」と宣言した。しかも、ゴルバチョフは「領土問題は（解決済みではなく）存在している」と明言した。一九九三年一〇月、エリツィン大統領が来日し、細川護煕首相との間で「東京宣言」に調印した。次いで橋本龍太郎首相は、一九九六年「重層的アプローチ」をとり、エリツィン大統領との間で、防衛関係者の交流、四島交流の拡大、四島周辺の日本船の安全操業協定などの成果を挙げた。

二〇〇四年一〇月、プーチン大統領と胡錦濤《こきんとう》主席の間で、中露国境問題が係争地を分け合ういわゆる「フィフティ・フィフティ方式」によって解決された。これに日本政府は驚愕した。そもそも中ソ国境では、一九六九年に珍宝島＝ダマンスキー島で軍事衝突が起こるほど悪化しており、解決は容易でないと思われていたからである。

他方、北方領土問題は、中露国境問題と違って直ちに解決しなければ安全保障上の脅威となるという問題ではない。直接の関係者は別として、喫緊の問題ではないのである。

ところで、島の面積の観点から考えると、鳩山一郎内閣のときに返還寸前までいった歯舞《はぼまい》、色丹《しこたん》は全四島のわずか七％でしかない。しかし海域から言えば、千島《ちしま》海流と日本海流が交差する場所で魚が極めて多く、世界三大漁場の一つである。

†北方領土のロシア化

ロシアの側から見ると、中国の台頭は脅威であり、中国と日本が接近することは何としても避けなければならないリスクであった。領土問題での譲歩は日本をロシアにつなぎ止める重要な綱であった。

ところがロシアは、二〇〇七年「クリル開発計画」を始めた。二〇一五年までの九年間で総額（日本円にして）五四〇億円の投資で、軍事施設はむろん他のインフラ、産業、教育、文化に投資し、四島の景色が一変した。住民はモスクワへの帰属意識を強くもつようになった。これを北方領土の「ロシア化」と言う。資源国ロシアが石油価格の上昇もあって、経済的に豊かな国となったことを反映していた。

このロシア化によって日本への返還は困難となった。しかし、ロシア側が呼びかけている共同開発への道は残されている。さらには「共同統治」という案もロシア側が出している。

ロシアについての専門家の間では、現在、歯舞、色丹の二島返還プラスα（残り国後《くなしり》、択捉《えとろふ》二島の共同利用）という説が多数を占める。おそらくそれが最も現実的な解決法なのであろう。

†ロシアへの経済制裁

第二次安倍内閣は二〇一五年、ウクライナ騒乱の影響を受け、G7の一員として、対ロシア経済制裁に参加した。さらに同年三月のクリミアの武力統合に対し、やはりG7の一員として経済制裁に踏み切った。ロシアはこれに対し逆制裁を発動した。プーチンと安倍はそれまでは友好関係を保っていたのだが、これにより一気に関係が悪化した。

7　尖閣諸島問題

†中国漁船との接触

沖縄県尖閣《せんかく》諸島は、かつて日本人が住んでいたこともあるが、現在は無人島である。ヒラリー・クリントン国務長官は前原誠司外相に対し「尖閣は日米安保条約の対象である」と発言していた。またオバマ大統領は、それを再確認する発言を行っている（秋田二〇一六）。これに対し中国は尖閣諸島の自国の領有権を主張していた。この島の周辺には石油が埋蔵されていることが、一九六八年に発見されていた。

二〇一〇年九月（民主党政権の時期である）、この尖閣諸島沖で海上保安庁第一一管区の巡視船が中国の漁船と接触した。尖閣諸島の近海で操業していた漁船を海上保安庁が取り締まろうとしたところ、漁船が巡視船に体当たりして抵抗した結果であった。

日本政府が船長の拘束を続けていることに、中国はレアアースの対日輸出禁止や日本人ビジネスマン四人の（スパイ容疑での）拘束という対抗措置をとってきた。

船長は結局、起訴猶予となった。しかし船長を釈放したあとも、中国は尖閣諸島は自国の領土だとして「謝罪と賠償」を日本に要求した。

†尖閣国有化

二〇一二年四月、石原慎太郎都知事はアメリカの保守派の牙城、ヘリテージ財団での講演で「東京都が尖閣列島を買う」と発言した。この島は栗原國起《くりはらくにおき》のものであった。石原は買取資金のために、都名義の口座を新設した。それに対し寄付が九億円、さらに二〇一二年六月までには一二億円も集まった。

それをきっかけとして、野田佳彦内閣による「尖閣国有化」に向かう。石原も国有化が本来のあり方だ、とそれを了承した。石原発言は、米国政府のお膳立てに石原が乗せられた、あるいは積極的に乗ったとの解釈もできる。中国では、これに対し激しい反日デモが行われた。実は、国有化は既に小泉時代末期から根回しが始まっていた。ただ、買取でなく賃貸という選択肢も検討されていた。

このとき米国政府は、尖閣諸島については日中いずれの側にも立たず、中立の立場をとるとした。前述のように、かつて尖閣諸島は日米安保条約の対象になるとヒラリー・クリントン国務長官が主張していたにもかかわらず、である。

元外務官僚の孫崎享《まごさきうける》によれば、そもそも尖閣諸島の問題は日中関係が将来あまり強くならないように、サンフランシスコ条約締結の際、米国がその所属をわざと曖昧にした、という。他方、キッシンジャーは後年、中国との交渉の際に、日ソ間の関係が緊密にならないよう、北方領土問題をわざと曖昧にして、紛糾を招く種を残した。日本の政治家には真似のしにくい権謀術数《けんぼうじゅつすう》である。

石原は、尖閣諸島に自衛隊を常駐させるべきだとの主張を述べた。鳩山由紀夫首相もそれを支持する発言をした。しかし、そのような手段をとれば、日中の軍事衝突が起きかねないとして実現することなく終わった。

†棚上げ合意の破棄

実は、一九七二年の国交回復交渉の際、尖閣諸島の所属については、周恩来《しゅうおんらい》首相と田中角栄によって棚上げの合意が成立しており、また一九七八年日中平和友好条約交渉の際、鄧小平《とうしょうへい》と園田直《そのだすなお》外務大臣との間で、この「棚上げ方式」を再確認し、「次の世代に解決を任せよう」との暗黙の合意がなされた。

ところが、一九九〇年代の中頃、外務省幹部および前原誠司外相は、棚上げの合意はなかったと発言した。結局、尖閣問題は火種を残したまま未だ解決されていない。

†むすび

平成に入ってから日本の外交・防衛政策は、これまでに見てきたように大きく転換した。選挙監視団の派遣、PKO活動への参加などがその実例である。国際情勢の著しい変動や国民の意識の大きな変化を反映している。しかし依然として場当たり的であり、長期的戦略をもっているとは言いがたい。また国際政治の場では当たり前の、味方をも欺《あざむ》く権謀術数には無縁である。

おそらく次の三〇年間には、その面でも大きな変動が起こるであろう。

終章　民進党から立憲民主党へ

1　民主党と維新の会の合流

†民主党の凋落と維新の党の結成

二〇一二年の総選挙で惨敗して下野を余儀なくされた民主党議員は、自信喪失・茫然自失の状態に陥った。

既にその直前、五〇人の議員を擁した小沢グループが離党して、自由党を再結成した。消費税増税をめぐって党内対立が決定的となった結果であった。その後も五月雨式に離党者が続き、二〇一三年の参院選でさらに敗北した。

この民主党に維新の党が合流した。ここではまず、その維新の党についてその結成に遡って検討しよう。

維新の党は、橋下徹、松井一郎（元自民党議員）らが、大阪府議会の自民党を割って、最初は「大阪府議会の会」という会派として誕生した。次いで大阪の地域政党として、「大阪維新の会」を結成した。正式な発足は二〇一〇年四月、この時のメンバーは二七人であり、橋下の掲げる大阪首都構想実現を目標としていた。

その中核となったのは大阪府議会議員で、大阪の無党派層の支持を得た。そして選挙ごとに所属議員を増やしていった。

二〇一一年春の統一地方選挙では維新の会が大阪府議会で過半数、大阪市議会、堺市議会では第一党にまで躍進した。その力の源泉にあるのは、なんといっても、大阪府知事と大阪市長の座という行政権力にあった。

しかし、無党派層の支持という「風」頼みでは良くないと、橋下らは地域の一軒一軒を回って、また小さな集会を各地区で開いてという、ドブ板的な個々の有権者への働きかけを行った。街頭演説やタウンミーティングも精力的に展開した。

†国政への進出と分裂

二〇一二年の（民主党が下野した）衆議院選挙で、日本維新の会が国政に進出し一七二名が立候補、当選は五四議席と大躍進を果たした。大阪と兵庫（の一部）では自民党と互角に戦えたということである。

この選挙では大阪維新の会所属の地方議員が、全国でビラ配りをするなどロジスティクスを担った。

二〇一三年に石原慎太郎らの「たちあがれ日本」が加わり、橋下とともに石原は共同代表となった。橋下は国会議員でないことが何かと不便であった。国会議員であった石原がその役目を引き受け、党首討論などに参加した。

しかし、大阪組と非大阪組の相性は悪く、間もなく対立が浮上した。大阪組が大阪都構想に手一杯になり、国政については「東京任せ」にしてしまったことに一因があったと橋下は後に反省している。

その後、維新の会は江田憲司《えだけんじ》らの（みんなの党から分党した）「結《ゆ》いの党」と合流した。石原らはこれに反発して、離党した。江田らのリベラルな姿勢を嫌ったからであった。

二〇一六年、こうした活きのいい維新の会所属議員が民主党と合流して、名称を「民進党」として、新党を作った。ただ民進党に加わらなかった維新の会のメンバーは、大阪維新の会として独自組織を作った。橋下の初心を守る決意であった。

2　二〇一七年衆議院選挙

†民進党と希望の党の合併

前述の通り、二〇一六年三月、七月の参院選を控えて民主党は維新の党と合併して、民進党と名称を変更した（大下二〇一八）。しかし、この参院選では民進党は惨敗した。

そして、同党の前原誠司代表は結成されたばかりの「希望の党」との合併を模索した。他方、小沢自由党は民進党との合併を望んでいた。民進党の中には、共産党との協力を追求する者もいた（共産党は結局、秋の総選挙で社民党と選挙協力することになった）。混沌としか言いようのない状況となった。

二〇一七年九月、安倍は衆議院を解散した。前原の希望の党との合併構想は、議員総会で承認を得た。民進党の公認候補は、全員が離党して小池百合子が立ち上げた「希望の党」に入党することにした。一種の吸収合併であった。ところが小池は、民主党左派の参加を嫌い、憲法改正に賛成でないものの参加を拒否した。「排除」と呼ばれる手法であった。

†希望の党

二〇一七年九月、小池百合子東京都知事は「希望の党」を結成し、候補者を募った。彼女の目指すのは二大政党制で、現在の野党が自民党に対抗する政党になるに際して、希望の党がその中核になることであった。そしてそのために、民進党との合併を求めた。

小池都知事は非公式の記者会見の席で、民進党から合流してくる人をすべて受け入れるわけではないという趣旨で、「民進党からの合流組の一部を排除いたします」と言い切った。この発言がテレビで繰り返し放映され、その傲慢な（と見える）態度、特に「排除」といういきつい言葉が有権者の反発をかった。希望の党のイメージは急速に悪化していった。

しかし小池は、自分の人気を過大評価していたのか、全国の至るところで候補者を擁立していった。現職の民進党議員がいるところにも、である。結局、公認候補は一九二名にものぼった。

排除されるのは当初は、菅直人、野田佳彦ら民主党政権で内閣の役職経験者であるとの了解があった。しかし小池の真意は、民進党内に根強く生き残っている旧社会党系勢力がこの新党に加わることは拒否しなければならない、というものであった。そのため、民進党の新人や公認内定者までが排除されていった。

特に東京や大阪で民進党からの立候補を期待していながら、希望の党の候補者にその機会を奪われた「予備軍」が大勢できた。前原は何とか公認調整をしようとしたが、小池は強引だった。

†立憲民主党の躍進

枝野《えだの》幸男《ゆきお》、長妻昭、福山哲郎《ふくやまてつろう》、辻元清美を中心に、希望の党に行けない、行きたくない候補者は、新党をつくることとした。新党の結成は大きな賭けであった。現職議員が何人参加するかわからなかったからである。枝野らが感触を探ってみると、無所属で出る、新党には参加しないという議員も少なからずいた。

にもかかわらず、枝野らは新党を結成することにした。名前は「立憲民主党」とした。「民主党」の名に愛着があったからである。「立憲」というのは古臭いという批判があった。代表には枝野が就任し、記者会見で新党立ち上げを宣言した。有権者やマスコミからは好意的な反応を得た。無所属で立候補するつもりであった菅直人がいち早く新党に参加した。元民主党総裁の海江田《かいえだ》万里《ばんり》も加わった。

他方、小沢は民進党、希望の党、自由党の三党連立を期待した。のちの全野党共闘につながる路線を歩み始めた。

一〇月の衆院選で、共産党は立憲民主党と選挙での「野党共闘」を行った。立憲民主党がいる小選挙区には共産党候補を立てないという形でである。直接交渉をしないで一方的に、であった。こうした選挙区は八三にも達した。共産党の意図は、比例区で票を伸ばすことにあった。共産党としてはより明示的な協力がしたかったが、立憲民主党にはその気はなかった。

立憲民主党は、六二名を第一次公認候補とした。第二次候補は一二名であった。立憲民主党の戦術は、都市部の浮動票をとりに行くというものであった。

街頭での「風」に加えて、SNSで立憲民主党の支持は広がった。また、連合も同党を支持した。民主党への支持が横滑りした感がある。

選挙結果は、自民党の圧勝、立憲民主党は四〇議席増で五五議席、希望の党は五〇議席であった。立憲民主党は一躍野党第一党となったのである。二〇一八年秋時点で、所属地方議員は四七八人である。その立場から「原発ゼロ」を第一のスローガンに掲げた。代替案としては再生エネルギーの活用である。東日本大震災の際、民主党内閣としての経験を念頭にしたものであった。

二〇一八年一月、蓮舫《れんほう》らが入党した。二〇一八年秋頃には、立憲民主党は支持率が伸び悩んだ。結党当時一四％あった支持率が五％に低下した。

†国民民主党

前原は民進党代表を辞任して希望の党に移ったが、二〇一八年五月に前原グループを含む一部議員が希望の党から離脱し、民進党と合流した。国民民主党の結成である。衆議院議員三八名、参議院議員二四名で総勢六二名というかなりの大所帯だった。

かつて民進党代表だった前原誠司は、自民党に対抗する勢力を作るためには、立憲民主党と合併すべきと考えていた。この合併話は二〇二〇年冬には具体化してきた。ただ、障害となっているのは立憲民主党が、原発の即時廃止という「過激な」主張をしていることであった。読売新聞による世論調査では、支持率は一％に低迷している。

†みんなの党

みんなの党は、二〇〇九年一月、自民党を離党した渡辺喜美《わたなべよしみ》と（かつての通商産業省の官僚）江田憲司が、二人で始めた政党である。渡辺の離党は、彼が熱心に取り組んできた国家公務員制度改革に自民党政権が消極的であったからである。

この二人は、「脱官僚」「地域主権」を旗印に国民運動をスタートさせた。タウンミーティングを開いたり、イベントを開催したり、街頭演説を行ったりしながらである。街頭ではかなりの人数を動員することに成功した。地方議員でこれに賛同する者も出た。ホームページでメンバー登録をしたりもした（江田二〇〇九）。

八月には、政党要件の国会議員五人を集めることができた。参議院議員を含めてである。渡辺喜美がトップに、江田憲司がナンバー2になった。政界再編、脱官僚を旗印にした。

二〇一二年夏、みんなの党と維新の会との合流が検討されたが頓挫《とんざ》した。二〇一三年には衆参三六人にまで成長した。公募で地方議員などが集まったからである。

ところが、みんなの党は真っ二つに分裂した。特定秘密保護法をめぐってであった。渡辺喜美が安倍に同調し、秘密保護法に賛成したからである。

江田は、一五人を引き連れて「結いの党」を作った。野党再編を目指す「政界再編政党」としてである。つまり緊急避難的な「腰掛け用」の政党であった。江田としては、「真正みんなの党」という気持ちであった（江田二〇一四）。

目指すのは、「小さな政府」「大きなサービス」であった。弱者救済の意味が込められていた。また、日本の古き良き伝統を守るともいう。農業は輸出産業にする。すなわち、大規模化し、集約化して、市場志向型に転換することを提唱した。

3 野党共闘

†二〇一五年安保法制以降

二〇一五年の安保法制は、野党がまとまって安倍政権に対決する姿勢をもつきっかけとなった。その際、安保法制に対して反対に立ち上がった学者、学生たちの動き(SEALDsやシニア左翼、そして間もなく「市民連合」)が、これまでのしがらみで動きがとれなくなっていた野党六党が結集するための接着剤となった。安倍内閣の目指す「改憲を許すな」との旗印の下にである。

なお、市民連合の正式名称は「安保法制の廃止と立憲主義の回復を求める市民連合」といい、「立憲デモクラシーの会」「安保関連法に反対するママの会」「SEALDs(二〇一六年八月解散)」などが参加している。立憲民主党や共産党など、どちらかと言えば左翼系の政党と連携している。山口二郎法政大学教授、中田宏一上智大学教授などの活動が目立つ。

野党共闘は当面、選挙においてではなく、「院内(国会内)共闘」として進められた。すなわち、二〇一七年一〇月、野党の国会対策委員長の連絡会（野国連）が毎週水曜日に定期的に開かれるようになった。それまで野党第一党が主導して開かれていた（この国会では衆議院と参議院では第一党が異なるという事情もあったが）こうした会議が、全野党が平等の立場で参加する形になった。イニシアティブをとったのは立憲民主党の辻元清美であった（院内共闘については『前衛』二〇一八年一月号での座談会による）。

†具体的成果

この野国連は、国会が終盤になるとほとんど毎日会合を開いた。この国会運営で、政府が目玉政策の一つとしていた「働き方改革」法案について、裁量労働制を適用拡大する試みを、法案提出前に断念させるという「前代未聞」の快挙を勝ち取った。「過労死を考える家族の会」など院外の運動と連携した成果であった。

森友学園や加計《かけ》学園の不正経理問題の追及においても、野党は一致して行動した。共産党とここまで歩調を合わせたのは、それまでにないことであった。閉会中にもこの「集まり」は続けられた。振り返ってみると、院内共闘による法案も二〇にのぼる。

「働き方改革」法案は、二〇一五年一二月二五日閣議決定された（二〇一六〜二〇年度を視野に収めた）「第四次男女共同参画基本計画」に基づくもので、男性中心型の労働慣行の見直しを前面に打ち出した。つまり、男性も育児などに積極参加することができるように働き方を変えることで、女性の活躍推進を支えるのが狙いであった。そのために、男性の残業や転勤などの「男性の働き方」を変えなければならない、とした。

加えて、選挙協力としては二〇一五年の参院選で、三二の一人区で全部一本化することに成功し、一一の選挙区で勝利を収めた。

また、二〇一八年五月、新潟の知事選挙で野党統一候補として、池田ちか子を擁立した。この知事選では敗れたが、あまりに安倍内閣批判に傾き、候補者の魅力を前面に押し出さなかったことが敗因であったとの反省もあった。

†今後の協力体制

二〇一八年秋の野党共闘の動きをみると、二〇一九年夏の参院選を前に、全国で三二ある一人区で、立憲民主党、国民民主党、日本共産党は、市民連合を仲介役として、候補者を一本化した。市民連合に頼るのは、共産党と直接話し合いをもつと、共産党を嫌う支持者の反発をかうからである。

ただ、立憲民主党と国民民主党は激しいつば迫《ぜ》り合いを繰り広げてきた。参議院では、立憲民主党が二三人、国民民主党が二四人と拮抗しているからである。しかし、国民民主党は「離党予備軍」を抱えていて、立憲による引き抜きに警戒せざるを得ない立場にある。

立憲民主党は、次の参院選で、日教組や自治労の組織内候補を擁立する予定であった。

二〇二〇年春の段階では、立憲民主党と国民民主党との合併はならなかったが、会派としては統一した。

†れいわ新選組

れいわ新選組の代表、山本太郎はテレビで画になるキャラクターで、演説もうまい。もともと芸能人であった山本太郎が社会問題を考えるようになったきっかけは、東日本大震災であった。それが自らの政治活動の原点であるという。

最初に政界入りを目指したのは、大震災の翌年、二〇一二年の衆議院選挙で、東京八区から無所属で立候補し、大差で落選した。その後全国を街頭演説して回った。現在も街宣を続けている。

二〇一四年一二月、「生活の党と山本太郎となかまたち」を立党して、渋谷で街頭記者会見を行った。当初は小沢一郎と協力することにし、二〇一六年に党名を自由党に変更後も在籍した。

二〇一九年四月、「れいわ新選組」を設立し、七月の参院選でブームを呼び、比例区で二二八万票を集め、二人の身体障害者候補を当選させた。一人は、重度の障害をもつ木村英子で、もう一人はALS（筋萎縮性側索硬化症）の舩後《ふなご》靖彦《やすひこ》、もとは商社員であった。山本は比例三位で落選に終わった。

新選組は反長州つまり反安倍である。選挙後全国ツアーを行い、各地で街宣を行っている。山本は左派ポピュリストを自称している。敵は人口の上で一パーセントを占める富裕層である。消費税を五パーセントに引き下げ、法人税を上げることを主張している。この政策では共産党と一致し、共闘を目指している。

地方には多数のボランティアがおり、選挙の際にポスター貼りを手伝ってくれている。れいわへの寄付は一億を超えた。

やがて経済問題一般に関心を広げ、立命館大学の松尾匡《まつおただす》教授から何度もレクチャーを受けた。山本の考えでは、経済成長はもう辞めてもいい。縮小社会でよい。エコロジーの観点からも反原発を訴えている。そして福祉や教育に予算を使うべきだと考えている。

現在、野党共闘に積極的で、目標は自らが首相になり政権を担当することである。

＊本項執筆のため令和二年二月に立命館大学の松尾匡教授にインタビューを行った。また、『週刊金曜日』（二〇一九年一一月二八日臨時増刊号）を参照した。

4　幸福の科学と幸福実現党

†大川隆法が精神的指導を担う

幸福の科学とそれを母体とした幸福実現党については、ほとんど全く文献がなく、日本政治の専門家にも実態は知られていない。ここでは、二〇二〇年一月二九日に筆者が幸福実現党の釈《しゃく》量子《りようこ》党首に行ったインタビューをもとに紹介したい。

幸福の科学と幸福実現党の二つの組織の総裁は大川隆法《おおかわりゅうほう》である。政教分離の原則から、幸福実現党が大きくなれば批判が生じかねないが、いまのところは全く懸念している様子はない。幸福実現党では、大川が精神的指導を担い、党の実務は党首の釈が責任をもつ（釈はむろん本名ではない。釈迦の名からきているのである）。

大川はユニークな経歴の持ち主である。一九五六年生まれで、東京大学法学部卒業後、総合商社に就職し、ニューヨーク本社に勤務するかたわらニューヨーク市立大学で国際金融論を学んだ。一九八一年に悟りを開き、八六年「幸福の科学」という仏教系の信仰の教祖となった。

一九九一年三月、幸福の科学は宗教法人の認可を受けた。

同年七月一五日には東京ドームで、教祖の大川隆法の誕生日を記念する「御生誕祭」が催された。それに向けて教団は巨額の費用をかけて大川の本を宣伝する派手なコマーシャルを披露した。党財政は党員、会員からの寄付で、前年度の総額は二五億円に達する。ちなみに、幸福の科学の会員はブラジルなど外国にもいる。これは創価学会と共通する。

†北朝鮮ミサイル発射をきっかけに結党

二〇〇九年五月末に政党・幸福実現党を結党した。その直接のきっかけは、北朝鮮がミサイルを発射し、日本政府と国民に衝撃を与えたことであった。麻生太郎内閣の時期である。大川らは自民党政府には、ましてや民主党政府には危機管理を任せておけないと考え、立党した。当初から「国防問題」に強い関心を持っていた。

現在はとりわけ中国の膨張主義に強い懸念を表明している。中国についてはチベット、ウイグルなどにおける人権の蹂躙《じゅうりん》を問題とし、国連に働きかけている。さらに中国の膨張主義は香港ばかりでなく、台湾にまで及ぶという心配もしている。またこの関連で、危機管理のためにも、大統領制ないしは首相公選制とすべきであると提唱する。

国防問題については確固たる考えがある。

沖縄の基地は中国の脅威に対抗するために不可欠で、辺野古への移転以外に選択肢はない。米国との緊密な関係を続けることが肝要で、防衛力も増強すべきである。そのために根本的な憲法改正が必要であると考えている。ただし、そもそも現憲法は占領軍がつくったもので、元来暫定的なものであったのだから、根本的に見直す必要がある。もっとも幸福実現党は象徴としての天皇制を「容認」している。しかし先の戦争での天皇の戦争責任は厳しく批判する。九条改正を含む改憲を掲げながら、自民党とは一線を画しているのである。なお、アメリカにはしっかりした国際的リーダーシップをとってもらい、日本もそれを支えるべきだと主張している（大川二〇〇九）。

もっとも、GHQが植え付けた自虐史観からは脱却すべきであり、小中学校での君が代、日の丸、そして制服着用は必要である。ちなみに従軍慰安婦に謝罪した「安倍談話」には失望した。自虐史観にほかならないからである。

†政治活動の特徴

同党の政治活動は、多くを女性が担っている。党員の六割が女性である。この点は創価学会に似ている。幸福実現党の地方議員も女性が多い。各県に支部があり、ミニ集会などを開く活動を行っている。

二〇二〇年一月末の時点では三九名の地方議員を擁する。地方によっては自民党と統一会派を組んでいるところもある。地方政治で活躍することを通じて、地域の問題にもそれまで以上に関心を向けるようになった。学校におけるいじめや不登校、社会人の自殺等々、これらの問題は既に幸福の科学で取り上げていたテーマである。

ただ目標はあくまで国政への進出で、将来は大川を首相とした政権を狙っている。この点も創成期の公明党と同じである。

幸福実現党は保守を自認しており、トランプ大統領共和党と一致する点が多いとする。自民党は大きい政府を目指す、社会民主主義政党、リベラル政党で、アメリカの民主党に相当すると見なしている。

経済政策については、安倍政権が、（既に数年前に幸福実現党が作成していた）幸福実現党の政策「三本の矢」を盗んだ、と批判している。

あとがき

私は平成を同時代的に政治学者として生きた。そして一九九〇年代以降、本書に登場する多くの政治家に会った。

橋本龍太郎氏にインタビューした際には、噂から、むっつりした人を想像していたが、終始にこやかに応対してもらった。彼はこのインタビューのあと間もなく亡くなってしまった。仙石由人氏には、ソウルのパーティでお会いした。その折、私に民主党のブレーンになってほしいという趣旨のことを言われた。横に立っていた鳩山由紀夫氏は、「学者先生は、そういうのダメですよ」と割って入った。なってもいいかと思っていた私は出鼻をくじかれた。なっていたら政界進出でもしたのかな、と思う。

江田五月《えださつき》氏には、議員会館の部屋でインタビューした。また、京都大学の学生だったころ、江田三郎の提唱する「構造改革」に惹かれ、何冊も本を読んだ。同志社女子大を退職するとき、もう研究室がなくなるのだからと研究書を一斉に処分したが、構造改革の本だけは、私の書斎の本棚に今も数冊並んでいる。

結党当時、新党さきがけの佐藤謙一郎氏には何度もお会いしたが、佐藤氏は私が京都大学に移ったりせず、東北大学教授として仙台にとどまっていたら、宮城県知事に担ぐつもりだったと恐ろしいことを言った。そのころ本間俊太郎宮城県知事が収賄の罪で起訴され、辞任した直後だった。私は本間知事の依頼で県の仕事をいろいろ手伝っていた。本間さん夫妻を私たちのマンションに招待したとき、秘書の方に「控えの間はどこですか」と聞かれて返答に窮したことがあった。私たち夫婦は、本間さんと家族ぐるみで付き合いをしており、収賄のニュースはショックだった。

私は数十年以上の政治学者人生を通じて、数えきれないほどのインタビューをしてきたが、鈴木《すずき》善幸《ぜんこう》氏にインタビューしたときには、「しぇんしぇいねえ」と言いながら、私の膝をさすってきたのには驚いた。東北的な純朴さに好感をもった。それと対照的なのは中曽根康弘氏で、事前にどういう質問をするかをファックスで確認し、「本番」では姿勢正しく「風圧」を感じさせた。こういう政治家もいるんだな、と改めて感じ入った。

話は変わるが、本書には大下英治《おおしたえいじ》の著作がしばしば引用されている。氏のドキュメントは政治学者にはあまり読まれていないようであるが、私の愛読書である。人物が生き生きと活写されているからである。

最近読んだ本に、「経済学を学ぶ目的は、経済学者に騙されないようにするためです」というジョーン・ロビンソンの言葉が引用してあった。政治学の場合は、政治学者や評論家、政治家、それに新聞やテレビのコメンテーターに騙されないため、である。政治学者の予測は当たったためしがないし、その提言が間違っていても責任をとったという話は聞かない。民間政治臨調はその最たるものであった。私は自分の分析がとんでもない誤りを犯しているのではないか、という「怖れとおののき」(キルケゴール)を常に抱いている。戦後初期に知識人が、北朝鮮を礼賛し、帰国事業を支援した。北朝鮮に渡った人たちには驚くべき災難が待っていた。その知識人が当時としては第一級の知識人たちであったことに、愕然としないではいられなかった。それを私の政治学の原点としたいといつも思っている。

本書のためにおそらく三〇〇冊近い本を読んだし、政治家にインタビューも行った。定年退職して年金で生活している私にとっては、科研費なくしては、この研究・執筆は不可能だったであろう(課題番号16K03469)。

科研費をもらってからは、法学研究科総務掛の柴田美智子さんが会計事務を担当してくれた。外国出張に関しては、天野純子さんにお世話になった。柴田さんと私の間に立って科研費使用の際にアシスタント役をしてくれたのは、当時いくつかの非常勤講師を掛けもちしつつ研究を続けていた城下賢一《じょうしたけんいち》くんである。今は大阪薬科大学に就職している。こうして数えあげてみると、随分大勢の人にご迷惑をかけ、お世話になったわけである。この場を借りて、深い感謝の気持ちを表したい。

出版に当たっては、ちくま新書編集部の松田健氏と藤岡美玲さん、そして山本拓さんにお世話になった。

最後に、妻洋子への感謝の言葉で、このあとがきを終える。

すっかり色づいた醍醐の山並の見える書斎にて。

大嶽秀夫

参考文献

はじめに

竹中治堅『首相支配――日本政治の変貌』(中公新書、二〇〇六年)
森功『総理の影――菅義偉の正体』(小学館、二〇一六年)

序章

浅野智彦編『検証・若者の変貌――失われた10年の後に』(勁草書房、二〇〇六年)
雨宮処凛『非正規・単身・アラフォー女性――「失われた世代」の絶望と希望』(光文社新書、二〇一八年)
伊藤公雄『「男女共同参画」が問いかけるもの――現代日本社会とジェンダー・ポリティクス 増補新版』(インパクト出版会、二〇〇九年)
岩崎稔・シュテフィ・リヒター「歴史修正主義――一九九〇年代以降の位相」倉沢愛子他編『岩波講座 アジア・太平洋戦争〈1〉 なぜ、いまアジア・太平洋戦争か』(岩波書店、二〇〇五年)
岩本美砂子「日本のドメスティック・ヴァイオレンス防止法制定をめぐる政治過程」『三重大学法経論叢』(三重大学法律経済学会、二〇〇五年)
大嶽秀夫「日本政治と政治学の転換点としての一九七五年――「レヴァイアサンたち」の三〇年」『レヴァイアサン』40号(木鐸社、二〇〇七年)

柿崎明二『検証　安倍イズム――胎動する新国家主義』（岩波新書、二〇一五年）
小谷敏他編『〈若者の現在〉　労働』（日本図書センター、二〇一〇年）
鈴木邦男『「蟹工船」を読み解く』（データ・ハウス、二〇〇九年）
東京大学社会科学研究所『〈失われた一〇年を超えてⅠ〉経済危機の教訓』（東京大学出版会、二〇〇五年）
日本経済新聞社編『検証　働き方改革――問われる「本気度」』（日本経済新聞出版社、二〇一七年）
樋渡展洋「政治転回・小泉政権の意味――「失われた10年」との断絶、「失われた10年」以降の端緒」東京大学社会科学研究所『「失われた一〇年」を超えてⅡ――小泉改革への時代』（東京大学出版会、二〇〇六年）
深尾京司『「失われた20年」と日本経済――構造的原因と再生への原動力の解明』（日本経済新聞出版社、二〇一二年）
三浦まり編著『日本の女性議員――どうすれば増えるのか』（朝日選書、二〇一六年）
森武麿「総力戦・ファシズム・戦後改革」倉沢愛子他編『岩波講座　アジア・太平洋戦争〈1〉　なぜ、いまアジア・太平洋戦争か』（岩波書店、二〇〇五年）
山口定『ファシズム』（岩波現代文庫、二〇〇六年）

第一章

飯島勲『小泉官邸秘録』（日本経済新聞社、二〇〇六年）
大下英治『総理戦争　下――田中角栄から小泉まで』（新風舎文庫、二〇〇六年）
大嶽秀夫『政界再編の研究――新選挙制度による総選挙』（有斐閣、一九九七年）
大嶽秀夫『日本型ポピュリズム――政治への期待と幻滅』（中公新書、二〇〇三年）

大嶽秀夫『小泉純一郎　ポピュリズムの研究――その戦略と手法』（東洋経済新報社、二〇〇三年）
大嶽秀夫『フェミニストたちの政治史――参政権、リブ、平等法』（岩波書店、二〇一七年）
岡野加穂留・藤本一美編『村山政権とデモクラシーの危機――臨床政治学的分析』（東信堂、二〇〇〇年）
垣見洋樹『海部俊樹回想録――自我作古』（人間社、二〇一五年）
梶本幸治他編『元内閣総理大臣村山富市の証言録――自社さ連立政権の実相』（新生舎出版、二〇一一年）
後藤謙次『平成政治史』全三巻（岩波書店、二〇一四年）
信田智人『政権交代と戦後日本外交』（千倉書房、二〇一八年）
清水真人『官邸主導――小泉純一郎の革命』（日本経済新聞社、二〇〇五年）
清水真人『経済財政戦記――官邸主導　小泉から安倍へ』（日本経済新聞出版社、二〇〇七年）
清水真人『首相の蹉跌――ポスト小泉　権力の黄昏』（日本経済新聞出版社、二〇〇九年）
清水真人『財務省と政治――「最強官庁」の虚像と実像』（中公新書、二〇一五年）
高橋哲哉『戦後責任論』（講談社学術文庫、二〇〇五年）
高橋哲哉『靖国問題』（ちくま新書、二〇〇五年）
長谷川幸洋『官僚との死闘七〇〇日』（講談社、二〇〇八年）
長谷川幸洋『官邸敗北』（講談社、二〇一〇年）
塙和也『自民党と公務員制度改革』（白水社、二〇一三年）
原田勝広『ドキュメント　NGO拒否――外務省、鈴木宗男との攻防90日』（現代人文社、二〇〇二年）
古川貞二郎『私の履歴書』（日本経済新聞出版社、二〇一五年）
牧原出『権力移行――何が政治を安定させるのか』（NHKブックス、二〇一三年）

御厨貴・牧原出編『聞き書　野中広務回想録』（岩波現代文庫、二〇一八年）
薬師寺克行『村山富市回顧録』（岩波現代文庫、二〇一八年）

第二章

伊藤元重他編『日本の企業システム』全四巻（有斐閣、一九九三年）
NHK取材班『NHKスペシャル　日米の衝突――ドキュメント構造協議』（日本放送出版協会、一九九〇年）
落合浩太郎『日米経済摩擦』（慶応通信、一九九三年）
軽部謙介『官僚たちのアベノミクス――異形の経済政策はいかに作られたか』（岩波新書、二〇一八年）
草野厚『大店法経済規制の構造――行政指導の功罪を問う』（日本経済新聞社、一九九二年）
小宮隆太郎他編『日本の産業政策』（東京大学出版会、一九八四年）
鈴木一敏『日米構造協議の政治過程――相互依存下の通商交渉の国内対立の構図』（ミネルヴァ書房、二〇一三年）
建林正彦「小売流通政策の形成過程（1）（2）」『法学論叢』（京都大学法学会、一九九一、一九九二年）
鶴田俊正編『世界と日本の流通政策――商業立地と都市形成』（日本評論社、一九八〇年）
テレビ朝日『朝まで生テレビ　構造協議の果てを読む――激論!!日米新時代』（全国朝日放送、一九九〇年）
中村秀一郎『中堅企業論――一九六〇年代と七〇年代　増補第三版』（東洋経済新報社、一九七六年）
中村秀一郎『挑戦する中小企業』（岩波新書、一九八五年）
日刊工業新聞特別取材班『新「前川リポート」が示す道――日本をこう変える』（にっかん書房、一九八七年）
日刊工業新聞特別取材班『日米経済新時代――決着・日米構造協議からの出発』（にっかん書房、一九九〇年）

日本経済新聞社『ベーシック流通入門』（日経文庫、一九九〇年）
日本経済新聞社編『大店法が消える日』（日本経済新聞社、一九九〇年）
御厨貴・渡邉昭夫『首相官邸の決断——内閣官房副長官石原信雄の2600日』（中公文庫、二〇〇二年）
三輪芳朗・西村清彦『日本の流通』（東京大学出版会、一九九一年）
Freeman, David, *The Misunderstood Miracle: Industrial Development and Political Change in Japan.* (Cornell University Press, 1988)
Hall, Peter, *Governing the Economy: The Politics of State Intervention in Britain and France.* (Policy Press, 1986)
Upham, Frank, "Privatizing Regulation: The Implimentation of the Large Scale Retail Stores Law," Gary Allinson and Yasunori Sone eds., *Political Dynamics in Contemporary Japan.* (Cornell University Press, 1993)

第三章

阿比留瑠比『破壊外交——民主党政権の3年間で日本は何を失ったか』（産経新聞出版、二〇一二年）
上杉隆『官邸崩壊——日本政治混迷の謎』（幻冬舎文庫、二〇一一年）
大下英治『大波乱！　安倍自民vs.小沢民主』（徳間文庫、二〇〇七年）
塩田潮『内閣総理大臣の沖縄問題』（平凡社新書、二〇二〇年）
清水真人『首相の蹉跌——ポスト小泉　権力の黄昏』（日本経済新聞出版社、二〇〇九年）
清水真人『消費税——政と官との「十年戦争」』（新潮社、二〇一三年）

芹川洋一『平成政権史』(日本経済新聞出版社、二〇一八年)
千々和泰明『変わりゆく内閣安全保障機構——日本版NSC成立への道』(原書房、二〇一五年)
歳川隆雄『安倍政権　365日の激闘』(東洋経済新報社、二〇一四年)
長谷川幸洋『官邸敗北』(講談社、二〇一〇年)
平野貞夫『平成政治20年史』(幻冬舎新書、二〇〇八年)
牧原出『崩れる政治を立て直す——21世紀の日本行政改革論』(講談社現代新書、二〇一八年)

第四章

青木理『日本会議の正体』(平凡社新書、二〇一六年)
遠藤誉他『香港バリケード——若者はなぜ立ち上がったのか』(明石書店、二〇一五年)
奥田愛基他『2015年安保　国会の内と外で——民主主義をやり直す』(岩波書店、二〇一五年)
小熊英二・上野洋子『「癒し」のナショナリズム——草の根保守運動の実証研究』(慶應義塾大学出版会、二〇〇三年)
柿田睦夫『創価学会の「変貌」』(新日本出版社、二〇一八年)
神原元『ヘイト・スピーチに抗する人びと』(新日本出版社、二〇一四年)
北原みのり・朴順梨『奥様は愛国』(河出書房新社、二〇一四年)
栗原彬編『ひとびとの精神史　第九巻　震災前後——2000年以降』(岩波書店、二〇一六年)
小林哲夫『シニア左翼とは何か——反安保法制・反原発運動で出現』(朝日新書、二〇一六年)
桜井誠『在特会とは「在日特権を許さない市民の会」の略称です!』(青林堂、二〇一三年)

佐波優子『女子と愛国』（祥伝社、二〇一三年）
SEALDs『日本×香港×台湾　若者はあきらめない』（太田出版、二〇一六年）
SEALDs『民主主義は止まらない』（河出書房新社、二〇一六年）
島田裕巳『平成宗教20年史』（幻冬舎新書、二〇〇八年）
菅野完『日本会議の研究』（扶桑社新書、二〇一六年）
高橋源一郎他『民主主義ってなんだ？』（河出書房新社、二〇一五年）
俵義文『日本会議の全貌――知られざる巨大組織の実態』（花伝社、二〇一六年）
俵義文『日本会議の野望――極右組織が目論む「この国のかたち」』（花伝社、二〇一八年）
中村一成『ルポ　京都朝鮮学校襲撃事件――〈ヘイトクライム〉に抗して』（岩波書店、二〇一四年）
野間易通『金曜官邸前抗議――デモの声が政治を変える』（河出書房新社、二〇一二年）
野間易通『「在日特権」の虚構――ネット空間が生み出したヘイト・スピーチ　増補版』（河出書房新社、二〇一五年）
半藤一利他『占領下日本』（筑摩書房、二〇〇九年）
樋口直人『日本型排外主義――在特会・外国人参政権・東アジア地政学』（名古屋大学出版会、二〇一四年）
福島香織『SEALDsと東アジア　若者デモってなんだ！』（イースト新書、二〇一六年）
エリック・ブライシュ『ヘイトスピーチ――表現の自由はどこまで認められるか』明戸隆浩他訳（明石書店、二〇一四年）（Erik Bleich, *The Freedom to be Racist?――How the United States and Europe Struggle to Preserve Freedom and Combat Racism*. Oxford University Press, 2011）
水谷保孝・岸宏一『革共同政治局の敗北　1975〜2014――あるいは中核派の崩壊』（白順社、二〇一五

年）
物江潤『ネトウヨとパヨク』（新潮新書、二〇一九年）
師岡康子『ヘイト・スピーチとは何か』（岩波新書、二〇一三年）
安田浩一『ネットと愛国──在特会の「闇」を追いかけて』（講談社、二〇一二年）
安田浩一他『ヘイトスピーチとネット右翼──先鋭化する在特会』（オークラ出版、二〇一三年）
安田浩一『ヘイトスピーチ──「愛国者」たちの憎悪と暴力』（文春新書、二〇一五年）
山崎雅弘『日本会議──戦前回帰への情念』（集英社新書、二〇一六年）
山村明義『劣化左翼と共産党──ＳＥＡＬＤｓに教えたい戦前戦後史』（青林堂、二〇一六年）

第五章

朝日新聞青森総局『核燃マネー──青森からの報告』（岩波書店、二〇〇五年）
淡路剛久監修『原発事故被害回復の法と政策』（日本評論社、二〇一八年）
安藤丈将『脱原発の運動史──チェルノブイリ、福島、そしてこれから』（岩波書店、二〇一九年）
磯村健太郎・山口栄二『原発に挑んだ裁判官』（朝日文庫、二〇一九年）
一ノ宮美成他『原発再稼働の深い闇』（宝島社新書、二〇一二年）
伊藤昌亮『デモのメディア論──社会運動社会のゆくえ』（筑摩選書、二〇一二年）
上丸洋一『原発とメディア──新聞ジャーナリズム2度目の敗北』（朝日新聞出版、二〇一二年）
大島堅一『再生可能エネルギーの政治経済学──エネルギーの政策のグリーン改革に向けて』（東洋経済新報社、二〇一〇年）

大島堅一『原発のコスト――エネルギー転換への視点』(岩波新書、二〇一一年)
大西康之『東芝　原子力敗戦』(文藝春秋、二〇一七年)
海渡雄一『原発訴訟』(岩波新書、二〇一一年)
梶田孝道『テクノクラシーと社会運動――対抗的相補性の社会学』(東京大学出版会、一九八八年)
鎌田慧『六ヶ所村の記録――核燃料サイクル基地の素顔(上)(下)』(岩波現代文庫、二〇一一年)
熊谷徹『なぜメルケルは「転向」したのか』(日経BP社、二〇一二年)
熊谷徹『ドイツ人が見たフクシマ――脱原発を決めたドイツと原発を捨てられなかった日本』(保険毎日新聞社、二〇一六年)
栗原彬編『ひとびとの精神史　第九巻　震災前後――2000年以降』(岩波書店、二〇一六年)
黒田光太郎他『福島原発で何が起きたか――安全神話の崩壊』(岩波書店、二〇一二年)
小出裕章『原発はいらない』(幻冬舎ルネッサンス新書、二〇一一年)
小出裕章他『「最悪」の核施設　六ヶ所再処理工場』(集英社新書、二〇一二年)
小林圭二『高速増殖炉もんじゅ――巨大核技術の夢と現実』(七つ森書館、一九九四年)
斎藤貴男『「東京電力」研究――排除の系譜』(角川文庫、二〇一五年)
産経新聞九州総局『原発再稼働までに何が起きたか――「反原発」からトンデモ判決まで』(産経新聞出版、二〇一五年)
JCO臨界事故総合評価会議『JCO臨界事故と日本の原子力行政――安全政策への提言』(七つ森書店、二〇〇〇年)
志村嘉一郎『東電帝国　その失敗の本質』(文春新書、二〇一一年)

瀬戸内寂聴他『脱原発とデモ――そして、民主主義』（筑摩書房、二〇一二年）
田嶋裕起『誰も知らなかった　小さな町の「原子力戦争」』（ワック、二〇〇八年）
田原総一朗『ドキュメント　東京電力――福島原発誕生の内幕』（文春文庫、二〇一一年）
田原総一朗『日本人は原発とどうつきあうべきか』（PHP研究所、二〇一二年）
津田大介・小嶋裕一『決定版 原発の教科書』（新曜社、二〇一七年）
中嶌哲演・土井淑平『大飯原発再稼働と脱原発列島』（批評社、二〇一三年）
長谷川公一「反原子力運動における女性の位置――ポスト・チェルノブイリの「新しい社会運動」」『レヴァイアサン』8号（木鐸社、一九九一年）
長谷川公一『脱原子力社会へ――電力をグリーン化する』（岩波新書、二〇一一年）
原日出夫編『紀伊半島にはなぜ原発がないのか――日置川原発反対運動の記録』（紀伊民報社、二〇一二年）
福島原発訴訟原告団・弁護団『あなたの福島原発訴訟』（かもがわ出版、二〇一四年）
藤沢数希『「反原発」の不都合な真実』（新潮新書、二〇一二年）
舩橋晴俊他『核燃料サイクル施設の社会学――青森県六ヶ所村』（有斐閣、二〇一二年）
堀江邦夫『原発ジプシー――被曝下請け労働者の記録　増補改訂版』（現代書館、二〇一一年）
吉岡斉他『原発　決めるのは誰か』（岩波ブックレット、二〇一五年）
緑風出版編集部『高速増殖炉もんじゅ事故』（緑風出版、一九九六年）

第六章

阿比留瑠比『破壊外交――民主党政権の3年間で日本は何を失ったか』（産経新聞出版、二〇一二年）

飯尾潤「政権交代と『与党』問題――「政権党」になれなかった民主党」『政権交代と政党政治』（中央公論新社、二〇一三年）
伊藤惇夫『民主党――野望と野合のメカニズム』（新潮新書、二〇〇八年）
大下英治『民主党政権』（ベストセラーズ、二〇〇九年）
小林良彰『政権交代――民主党政権とは何であったのか』（中公新書、二〇一二年）
産経新聞政治部『民主党解剖――この国を本当に任せられるのか？』（産経新聞出版、二〇〇九年）
塩田潮『新版　民主党の研究』（平凡社新書、二〇〇九年）
清水真人『消費税――政と官との「十年戦争」』（新潮社、二〇一三年）
白鳥浩『二〇一二年衆院選　政権奪還選挙――民主党はなぜ敗れたのか』（ミネルヴァ書房、二〇一六年）
竹中治堅編『二つの政権交代――政策は変わったのか』（勁草書房、二〇一七年）
仲新城誠『翁長知事と沖縄メディア――「反日・親中」タッグの暴走』（産経新聞出版、二〇一五年）
日本再建イニシアティブ『民主党政権　失敗の検証――日本政治は何を活かすか』（中公新書、二〇一三年）
長谷川幸洋『官邸敗北』（講談社、二〇一〇年）
藤村修『民主党を見つめ直す――元官房長官・藤村修回想録』（毎日新聞社、二〇一四年）
藤本一美編著『民主党政権論』（学文社、二〇一二年）
森本敏『普天間の謎――基地返還問題迷走15年の総て』（海竜社、二〇一〇年）
守屋武昌『「普天間」交渉秘録』（新潮文庫、二〇一二年）
薬師寺克行『証言　民主党政権』（講談社、二〇一二年）
山口二郎『政権交代論』（岩波新書、二〇〇九年）

山口二郎『政権交代とは何だったのか』（岩波新書、二〇一二年）
山口二郎・中北浩爾編『民主党政権とは何だったのか――キーパーソンたちの証言』（岩波書店、二〇一四年）
読売新聞政治部『民主党　迷走と裏切りの300日』（新潮社、二〇一〇年）
読売新聞政治部『亡国の宰相――官邸機能停止の180日』（新潮社、二〇一一年）
読売新聞政治部『民主瓦解――政界混迷への300日』（新潮社、二〇一二年）
読売新聞「民主イズム」取材班『背信政権』（中央公論新社、二〇一一年）
琉球新聞「日米廻り舞台」取材班『普天間移設　日米の深層』（青灯社、二〇一四年）

第七章

朝日新聞アエラ編集部『創価学会解剖』（朝日文庫、一九九九年）
浅山太一『内側から見る 創価学会と公明党』（ディスカヴァー携書、二〇一七年）
大嶽秀夫『高度成長期の政治学』（東京大学出版会、一九九九年）
北川紘洋『誰も知らない創価学会の選挙――となりの学会員の汗と涙の物語』（はまの出版、一九九五年）
佐藤優・山口那津男『いま、公明党が考えていること』（潮新書、二〇一六年）
島田裕巳『創価学会』（新潮新書、二〇〇四年）
島田裕巳『平成宗教20年史』（幻冬舎新書、二〇〇八年）
島田裕巳『民族化する創価学会――ユダヤ人の来た道をたどる人々』（講談社、二〇〇八年）
島田裕巳『創価学会と公明党――ふたつの組織は本当に一体なのか』（宝島社、二〇一四年）
島田裕巳・矢野絢也『創価学会――もうひとつのニッポン』（講談社、二〇一〇年）

創価学会・公明党を糾すOB有志の会編『サヨナラ私の池田大作――女たちの決別』（人間の科学新社、二〇一三年）
第三文明編集部編『外から見た創価学会Ⅱ』（第三文明社、二〇〇七年）
田原総一朗『創価学会』（毎日新聞出版、二〇一八年）
玉野和志『創価学会の研究』（講談社現代新書、二〇〇八年）
千葉隆『池田大作の事』（飛鳥新社、二〇〇九年）
中野晃一編『徹底検証　安倍政治』（岩波書店、二〇一六年）
中野潤『創価学会・公明党の研究――自公連立政権の内在論理』（岩波書店、二〇一六年）
平野貞夫『公明党・創価学会の真実』（講談社＋α文庫、二〇〇八年）
古川利明『カルトとしての創価学会＝池田大作』（第三書館、二〇〇〇年）
堀幸雄『公明党論――その行動と本質』（青木書店、一九七三年）
御厨貴・芹川洋一編著『平成の政治』（日本経済新聞出版社、二〇一八年）
薬師寺克行『公明党――創価学会と50年の軌跡』（中公新書、二〇一六年）
矢野絢也『乱脈経理――創価学会vs.国税庁の暗闘ドキュメント』（講談社、二〇一一年）
読売新聞政治部『民主党　迷走と裏切りの300日』（新潮社、二〇一〇年）

第八章

荒川恒行・小島修『若者が見た・触った共産党――フツーの若者たちが志位書記局長ほか党の人々にズバリ投げた裸の質問』（Yell books、一九九八年）

筆坂秀世『悩める日本共産党員のための人生相談』（新潮社、二〇〇八年）
筆坂秀世・宮崎学『日本共産党vs.部落解放同盟』（モナド新書、二〇一〇年）
不破哲三『日本共産党にたいする干渉と内通の記録――ソ連共産党機密文書から　上下』（新日本出版社　一九九三年）
不破哲三・井上ひさし『新・日本共産党宣言』（光文社、一九九九年）

第九章

朝日新聞政治部取材班『安倍政権の裏の顔――「攻防　集団的自衛権」ドキュメント』（講談社、二〇一五年）
阿比留瑠比『総理の誕生』（文藝春秋、二〇一六年）
安倍晋三・百田尚樹『日本よ、世界の真ん中で咲き誇れ』（ワック、二〇一三年）
大下英治『内閣官房長官秘録』（イースト新書、二〇一四年）
大嶽秀夫『日本型ポピュリズム――政治への期待と幻滅』（中公新書、二〇〇三年）
海竜社編集部『軌跡　安倍晋三語録』（海竜社、二〇一三年）
軽部謙介『官僚たちのアベノミクス――異形の経済政策はいかに作られたか』（岩波新書、二〇一八年）
田崎史郎『安倍官邸の正体』（講談社現代新書、二〇一四年）
千々和泰明『変わりゆく内閣安全保障機構――日本版NSC成立への道』（原書房、二〇一五年）
徳山嘉雄『安倍官邸と新聞――「二極化する報道」の危機』（集英社新書、二〇一四年）
歳川隆雄『安倍政権　365日の激闘』（東洋経済新報社、二〇一四年）
中北浩爾『自民党――「一強」の実像』（中公新書、二〇一七年）

服部茂幸『アベノミクスの終焉』(岩波新書、二〇一四年)
春原剛『日本版NSCとは何か』(新潮新書、二〇一四年)
文藝春秋編『アベノミクス大論争』(文春新書、二〇一三年)
御厨貴『安倍政権は本当に強いのか——盤石ゆえに脆い政権運営の正体』(PHP新書、二〇一五年)
御厨貴・牧原出・佐藤信編『政権交代を超えて——政治改革の20年』(岩波書店、二〇一三年)
御厨貴・芹川洋一編著『平成の政治』(日本経済新聞出版社、二〇一八年)
山口敬之『総理』(幻冬舎、二〇一六年)
読売新聞経済部『図で読み解く「アベノミクス」のこれまで・これから』(中公新書ラクレ、二〇一三年)
読売新聞政治部『安倍晋三　逆転復活の300日』(新潮社、二〇一三年)

第十章

秋田浩之『乱流——米中日安全保障三国志』(日本経済新聞出版社、二〇一六年)
朝日新聞外報部『ドキュメント　湾岸戦争の二百十一日』(朝日新聞社、一九九一年)
朝日新聞湾岸危機取材班『湾岸危機と日本——問われる危機管理』(朝日新聞社、一九九一年)
阿南友亮『中国はなぜ軍拡を続けるのか』(新潮選書、二〇一七年)
阿比留瑠比『破壊外交——民主党政権の3年間で日本は何を失ったか』(産経新聞出版、二〇一二年)
岩下明裕『北方領土問題——4でも0でも、2でもなく』(中公新書、二〇〇五年)
岩下明裕『北方領土・竹島・尖閣、これが解決策』(朝日新書、二〇一三年)
大谷賢二『地雷原の子どもたちと共に——カンボジア地雷撤去キャンペーン活動の軌跡』(海鳥社、二〇一一年)

小倉孝保『戦争と民衆――イラクで何が起きたのか』（毎日新聞社、二〇〇八年）
折田正樹『外交証言録　湾岸戦争・普天間問題・イラク戦争』（岩波書店、二〇一三年）
海部俊樹『政治とカネ――海部俊樹回顧録』（新潮新書、二〇一〇年）
国正武重『湾岸戦争という転回点――動顚する日本政治』（岩波書店、一九九九年）
剣持一巳『PKO派兵――分析と資料』（緑風出版、一九九二年）
河野雅治『和平工作――対カンボジア外交の証言』（岩波書店、一九九九年）
桜林美佐『海をひらく――知られざる掃海部隊　増補版』（並木書房、二〇一五年）
佐々木芳隆『海を渡る自衛隊――PKO立法と政治権力』（岩波新書、一九九二年）
庄司貴由『自衛隊海外派遣と日本外交――冷戦後における人的貢献の模索』（日本経済評論社、二〇一五年）
関はじめ・落合畯・杉之尾宜生『PKOの真実――知られざる自衛隊海外派遣のすべて』（経済界、二〇〇四年）
手嶋龍一『外交敗戦――130億ドルは砂に消えた』（新潮文庫、二〇〇六年）
東郷和彦『北方領土交渉秘録――失われた五度の機会』（新潮社、二〇〇七年）
春原剛『暗闘　尖閣国有化』（新潮文庫、二〇一五年）
春原剛『日本版NSCとは何か』（新潮新書、二〇一四年）
半田滋『「戦地」派遣――変わる自衛隊』（岩波新書、二〇〇九年）
半田滋『検証　自衛隊・南スーダンPKO――融解するシビリアン・コントロール』（岩波書店、二〇一八年）
久江雅彦『9・11と日本外交』（講談社現代新書、二〇〇二年）
船橋洋一『検証　日本の「失われた20年」』（東洋経済新報社、二〇一五年）
保坂正康・東郷和彦『日本の領土問題――北方四島、竹島、尖閣諸島』（角川ONEテーマ21、二〇一二年）

孫崎享『小説　外務省――尖閣問題の正体』（現代書館、二〇一四年）
宮城大蔵『戦後日本のアジア外交』（ミネルヴァ書房、二〇一五年）
宮嶋茂樹『ああ、堂々の自衛隊――PKO従軍奮戦記』（クレスト社、一九九三年）
望月喜市『日ロ平和条約締結の活路――北方領土の解決策』（ブックレット・ロゴス、二〇一五年）
柳澤協二『検証　官邸のイラク戦争――元防衛官僚による批判と自省』（岩波書店、二〇一三年）

終章

江田憲司『愚直の信念』（PHP研究所、二〇〇九年）
江田憲司『政界再編』（角川oneテーマ21、二〇一四年）
大川隆法『幸福実現党宣言――この国の未来をデザインする』（幸福の科学出版、二〇〇九年）
大下英治『枝野立つ！　立憲民主党のさらなる闘い』（河出書房新社、二〇一八年）
『週刊金曜日』（二〇一九年一一月二八日号）

ちくま新書
1495

平成政治史《へいせいせいじし》
——政界再編《せいかいさいへん》とポスト冷戦型社会運動《れいせんがたしゃかいうんどう》

二〇二〇年五月一〇日　第一刷発行

著者　大嶽秀夫（おおたけ・ひでお）
発行者　喜入冬子
発行所　株式会社 筑摩書房
東京都台東区蔵前二‐五‐三　郵便番号一一一‐八七五五
電話番号〇三‐五六八七‐二六〇一（代表）
装幀者　間村俊一
印刷・製本　株式会社 精興社

ISBN978-4-480-07305-1 C0231

ちくま新書

1408
自公政権とは何か
――「連立」にみる強さの正体
中北浩爾

単独政権が可能な自民党はなぜ連立を解消しないのか？　平和・福祉重視の公明党はなぜ自民党と連立するのか？　「連立」から日本政治を読み解く、初の本格的分析！

1407
官僚制と公文書
――改竄、捏造、忖度の背景
新藤宗幸

眼を覆いたくなるほど凄まじい官僚の劣化。組織構造、意思決定、情報公開法や公文書管理法など、官僚統制のシステムを問いなおし、〝政権主導〟の暴走をえぐる。

1393
教養としての政治学入門
成蹊大学法学部編

いま政治学では何が問題になっているのか。政治史・政治理論・国際政治・福祉・行政学・地方自治などの専門研究者が12のテーマで解説する、知の最先端への道案内。

1385
平成史講義
吉見俊哉編

平成とは、戦後日本的なものが崩れ落ち、革新の試みが挫折した30年間だった。政治、経済、雇用、メディア。第一線の研究者がその隘路と活路を描く決定版通史。

1299
平成デモクラシー史
清水真人

90年代の統治改革が政治の風景をがらりと変えた。「小泉劇場」から民主党政権を経て「安倍一強」へ。激動の30年を俯瞰し、「平成デモクラシー」の航跡を描く。

1176
迷走する民主主義
森政稔

政権交代や強いリーダーシップを追求した「改革」がもたらしたのは、民主主義への不信と憎悪だった。その背景に何があるのか。政治の本分と限界を冷静に考える。

1168
「反戦・脱原発リベラル」はなぜ敗北するのか
浅羽通明

楽しくてかっこよく、一〇万人以上を集めたデモ。だが原発は再稼働し安保関連法も成立。なぜ勝てないのか？勝ちたいリベラルのための真にラディカルな論争書！

294 デモクラシーの論じ方 ──論争の政治　杉田敦

民主主義、民主的な政治とは何なのか。あまりに基本的と思える問題について、一から考え、デモクラシーにおける対立点や問題点を明らかにする、対話形式の試み。

465 憲法と平和を問いなおす　長谷部恭男

情緒論に陥りがちな改憲論議と冷静に向きあうには、そもそも何のための憲法かを問う視点が欠かせない。この国のかたちを決する大問題を考え抜く手がかりを示す。

594 改憲問題　愛敬浩二

戦後憲法はどう機能してきたか。改正でどんな効果が期待できるのか。改憲論議にはこうした実質を問う視角が欠けている。改憲派の思惑と帰結をクールに斬る一冊！

655 政治学の名著30　佐々木毅

古代から現代まで、著者がその政治観を形成する上でたえず傍らにあった名著の数々。選ばれた30冊は混迷を深める時代にこそますます重みを持ち、輝きを放つ。

847 成熟日本への進路 ──「成長論」から「分配論」へ　波頭亮

日本は成長期を終え成熟フェーズに入った。旧来の成長モデルの政策も制度ももはや無効であり改革は急務である。国民が真に幸せだと思える国家ビジョンを緊急提言。

905 日本の国境問題 ──尖閣・竹島・北方領土　孫崎享

どうしたら、尖閣諸島を守れるか。竹島や北方領土は取り戻せるのか。平和国家・日本の国益に適った安全保障とは何か。国防のための国家戦略が、いまこそ必要だ。

925 民法改正 ──契約のルールが百年ぶりに変わる　内田貴

経済活動の最も基本的なルールが、制定から百年を経て抜本改正されようとしている。なぜ改正が必要とされ、具体的に何がどう変わるのか。第一人者が平明に説く。

934
エネルギー進化論
――「第4の革命」が日本を変える
飯田哲也
いま変わらなければ、いつ変わるのか？　自然エネルギーは実用可能であり、もはや原発に頼る必要はない。持続可能なエネルギー政策を考え、日本の針路を描く。

960
暴走する地方自治
田村秀
行革を旗印に怪気炎を上げる市長や知事、地域政党。だが自称改革派は矛盾だらけだ。幻想を振りまき混乱に拍車をかける彼らの政策を分析、地方自治を問いなおす！

974
原発危機　官邸からの証言
福山哲郎
本当に官邸の原発事故対応は失敗だったのか？　当時の官房副長官が、自ら残したノートをもとに緊急事態への取組を徹底検証。知られざる危機の真相を明らかにする。

984
日本の転機
――米中の狭間でどう生き残るか
ロナルド・ドーア
三〇～四〇年後、米中冷戦の進展によって、世界は大きく変わる。太平洋体制と並行して進展する中東の動きを分析し、徹底したリアリズムで日本の経路を描く。

997
これから世界はどうなるか
――米国衰退と日本
孫崎享
経済・軍事・文化発信で他国を圧倒した米国の凋落が著しい。この歴史的な大転換のなか、世界は新秩序を模索し始めた。日本の平和と繁栄のために進むべき道とは。

1005
現代日本の政策体系
――政策の模倣から創造へ
飯尾潤
財政赤字や少子高齢化、地域間格差といった、わが国の喫緊の課題を取り上げ、改革プログラムのための思考を展開。日本の未来を憂える、すべての有権者必読の書。

1016
日中対立
――習近平の中国をよむ
天児慧
大国主義へと突き進む共産党指導部は何を考えているのか？　内部資料などをもとに、権力構造を細密に分析し、大きな変節点を迎える日中関係を大胆に読み解く。

ちくま新書

1111
平和のための戦争論
――集団的自衛権は何をもたらすのか？
植木千可子
「戦争をするか、否か」を決めるのは、私たちの責任になる。集団的自衛権の容認によって、日本と世界はどう変わるのか？　現実的な視点から徹底的に考えぬく。

1122
平和憲法の深層
古関彰一
日本国憲法制定の知られざる内幕。そもそも平和憲法は押し付けだったのか。天皇制、沖縄、安全保障……その背後の政治的思惑、軍事戦略、憲法学者の主導権争い。

1142
告発の正義
郷原信郎
公訴権を独占してきた「検察の正義」と、不正や不祥事を捜査機関に申告する「告発の正義」との対立、激変する両者の関係を腑分け。問題点から可能性まで考察する。

1150
地方創生の正体
――なぜ地域政策は失敗するのか
山下祐介
金井利之
「地方創生」で国はいったい何をたくらみ、地方をどう支配しようとしているのか。気鋭の社会学者と行政学者が国策の罠を暴き出し、統治構造の病巣にメスを入れる。

1152
自衛隊史
――防衛政策の七〇年
佐道明広
世界にも類を見ない軍事組織・自衛隊はどのようにできたのか。国際情勢の変動と平和主義の間で揺れ動いてきた防衛政策の全貌を描き出す、はじめての自衛隊全史。

1173
暴走する自衛隊
纐纈厚
自衛隊武官の相次ぐ問題発言、国連PKOへの参加、庁から省への昇格、安保関連法案の強行可決、文官優位の廃止……。日本の文民統制はいま、どうなっているか。

1195
「野党」論
――何のためにあるのか
吉田徹
野党は、民主主義をよりよくする上で不可欠のツールだ。そんな野党に多角的な光を当て、来るべき野党を、これからの対立軸を展望する。「賢い有権者」必読の書！

ちくま新書

ちくま新書

1346
立憲的改憲
——憲法をリベラルに考える7つの対論
山尾志桜里
今あるすべての憲法論を疑え！　真に権力を縛り立憲主義を取り戻す「立憲的改憲」を提起し自衛権、安全保障、違憲審査など核心問題について気鋭の論客と吟味する。

1353
政治の哲学
——自由と幸福のための11講
橋爪大三郎
社会の仕組みを支えるのが政治だ。政治が失敗すると、自由も幸福も壊れかねない。政府、議会、安全保障、年金など、政治の基本がみるみる分かる画期的入門書！

1372
国際法
大沼保昭
いまや人々の生活にも深く入り込んでいる国際法。「生きた国際法」を誰にでもわかる形で、体系的に説き明かした待望の入門書。日本を代表する研究者による遺作。

923
原発と権力
——戦後から辿る支配者の系譜
山岡淳一郎
戦後日本の権力者を語る際、欠かすことができない原子力。なぜ、彼らはそれに夢を託し、推進していったのか。忘れ去られていた歴史の暗部を解き明かす一冊。

1250
憲法サバイバル
——「憲法・戦争・天皇」をめぐる四つの対談
ちくま新書編集部編
施行から70年が経とうとしている日本国憲法。改憲論議も巻き起こり、改めてそのあり方が問われている。問題の本質はどこにあるのか？　憲法をめぐる白熱の対談集。

1265
僕らの社会主義
國分功一郎
山崎亮
いま再びグランド・セオリーが必要とされているのではないか？　マルクス主義とは別の「あったかもしれない社会主義」の可能性について気鋭の論客が語り尽くす。

1414
武器としての世論調査
——社会をとらえ、未来を変える
三春充希
内閣支持率は西高東低。野党支持は若年層で伸び悩み。世論調査を精緻に見ていけば、この社会の全体像が見えてくる。仕組みの理解から選挙への応用まで！